戦国大名は経歴詐称する

渡邊大門

柏書房

はじめに

戦国大名の出自は、実に謎が多い。日本の歴史において武士が活躍しはじめたのは平安時代頃からであるが、そこまで遡《さかのぼ》って出自をはっきりできる戦国大名の例は非常に乏しい。数多い戦国大名の中で、平安末期から鎌倉初期にかけての出自を明らかにできるのは、薩摩《さつま》島津《しまづ》氏、安芸《あき》毛利《もうり》氏などに限られている。残りの多くの戦国大名の出自は、織田信長《おだのぶなが》や豊臣秀吉《とよとみひでよし》、徳川《とくがわ》家康《いえやす》といった天下を取った武将たちでさえはっきりしないものが多く、神秘のベールに包まれているといっても過言ではない。

戦乱の世を迎え、突如として世に出る形となった戦国大名は、自らの出自を語る必要があった。その大半は、源氏《げんじ》・平氏《へいし》・藤原氏《ふじわら》・橘《たちばな》氏、いわゆる「源平藤橘《げんぺいとうきつ》」という名家に出自を求めていた。しかし一次史料（同時代の古文書、日記など）などをもとに、彼らの残した系譜を遡っていくと、ある時点で先祖が確認できなくなることもある。たとえば、明智光秀《あけちみつひで》の父は、名前が系図によって異なっており、しかも一次史料には登場しない。光秀のように、父の名や実在すら判然としない例は、そんなに珍しいことではない。

戦国大名の中には、先祖の辻褄《つじつま》を合わせるためか、あえて創作じみた系図、編纂物《へんさんぶつ》を残した例もある。そういう系図を詳しく調べてみると矛盾だらけであったり、胡散臭《うさんくさ》い逸話であったりすることが確認できる。彼らがそうした操作をするのは、自分の家が立派だったことを顕示するためである。それは、現代でも学歴や経歴を詐称《さしょう》するのと同じことである。

本書は、出自を「盛り過ぎた」例、名家の姓を「乗っ取った」例、源氏や平家を先祖に求めた例、出自が不明な例の四つのグループに分けて、その経歴を探ったものである。真偽をめぐって大論争になった結果、出自が明らかになった例もあれば、わからなかった例もある。意図したものもあれば、致し方ない事情のものもある。まさに、涙ぐましいまでの「経歴詐称」を通じて、武将たちを身近に感じていただくことができるのではないだろうか。それぞれの章は独立しているので、どこから読んでいただいても結構である。戦国大名の経歴について、理解を深めていただければ幸いである。

渡邊大門

目次

第1章 出自を「盛った」大名たち

黒田氏 「近江佐々木源氏出自説」――断絶する家系図の謎

宇喜多氏 百済王末裔説など数多く残る「伝説」の真相とは?

第2章 名家の姓を「乗っ取った」大名たち

第3章 源氏・平氏で「権威付け」

第4章 謎多き「出自不明」の大名家

豊臣氏 秀吉出生の謎と同時代の冷ややかな視線

明智氏 父さえ明らかでない光秀と土岐明智氏との関係

斎藤氏　道三による「国盗り」と闇深き骨肉の争い

武田氏　信玄を生んだ甲斐の名門が織りなす複雑な家系

序章　武家の系図、名前とは何か？

◇「系図」「家譜」とは

歴史研究を行ううえで、欠かすことができないのは系図である。系図とは、子孫の関係を明らかにすべく、図式化したものである。系図は洋の東西を問わず、大いに作成された。わが国の最古の部類に入る系図としては、三井寺《みいでら》（滋賀県大津市）が所蔵する和気《わけ》系図、籠《この》神社（京都府宮津市）が所蔵する海部《あまべ》系図があり、おおむね九〜十世紀頃に完成したと推測されている。

系図は大別すると、縦系図と横系図の二種類がある。縦系図は、親子関係を上から下に順に記載したものである。横系図は、縦線で親子関係を記し、兄弟姉妹を横線で繋《つな》いだものである。古い系図は単に名前を線で繋いだにすぎないが、時代とともに後述するような官位《かんい》・官途《かんと》、幼《よう》名《みょう》、仮名《けみょう》のほか、簡単な事績を注記するようになった。系図によっては、文書の写を記載していることもある。

系図集としては、『尊卑分脈《そんぴぶんみゃく》』がよく知られている。室町時代の公卿《くぎょう》で左大臣《さだいじん》を務めた洞院《とういん》公定《きんさだ》が、源平藤橘《げんぺいとうきつ》（源氏《げんじ》・平氏《へいし》・藤原《ふじわら》氏・橘《たちばな》氏）の四氏の系図を収集し、校訂《こうてい》して発刊したものである。天皇家の系図としては、『本朝皇胤紹運録《ほんちょうこういんじょううんろく》』がある。江戸時代になると、幕府が諸大名に家系図の提出を求め、『寛永諸家系図伝《かんえいしょかけいずでん》』、『寛政重修諸家譜《かんせいちょうしゅうしょかふ》』が編纂《へんさん》された。

系図と似たものとして家譜《かふ》がある。家譜は系図と同じようなものであるが、個々の人物の生涯を詳しく書き記したものが少なくない。たとえば、『黒田《くろだ》家譜』は福岡藩主の黒田氏歴代当主の系図とともに、その事績を詳細に取り上げている。書かれた内容については、別途詳しい検証が必要であるが、当該人物の生涯を探るうえでの基本史料となる。

とはいえ、系図という史料が、全面的に信を置けるものではないということも事実である。系図は、ある氏族や人物を研究する際の根本史料であるが、他の古文書《こもんじょ》などと同じく、史料批判を行って使用すべき性質の史料なのである。具体的にいえば、一次史料、すなわち同時代の古文書や日記などと突き合わせ、その人物が実在したのか、親子、兄弟姉妹の関係が間違っていないかなどを確認する必要がある。

『寛永諸家系図伝』、『寛政重修諸家譜』や、諸大名が編纂した家譜類は、それぞれの人物の事績を書いているが、系図と同じく精査が必要である。一般論でいえば、諸大名が編纂した家譜類は、単に先祖をたどるだけでなく、その事績を顕彰《けんしょう》する、今風にいえば〝盛る〟目的で書かれている。したがって、書かれていることを何の疑問もなく受け入れるわけにはいかないのである。

いずれにしても、系図や家譜は基本史料として重要であるが、すべてを無条件で史実とみなすのではなく、十分な検証作業が必要といえる。

◇**名前の構成**

われわれの名前は、通常「姓」＋「名」で構成されている。「山田(姓)＋太郎(名)」などである。また現在、「氏」と「姓」は、いずれも「名字《みょうじ》（苗字）」と同じ意味合いを持つ言葉として使われている。しかし、中世においては「氏」と「姓」は別のものであり、今よりずっと複雑だった。

日本の古代では、氏姓制度のもと、姓（この場合、「かばね」と読む）を持つ氏（同じく、「うじ」と読む）が特権的な地位を世襲した。氏姓が構成単位とされ、朝廷による支配が行われたのである。もっとも有力な氏族は、臣《おみ》や連《むらじ》などの姓を持ち、政権に参画していた。臣や連の中でも、もっとも力を振るった者は、大臣《おおおみ》、大連《おおむらじ》という地位に就いた。地方の支配を行ったのは、国造《くにのみやつこ》や県主《あがたぬし》である。有力な豪族の諸氏は、直《あたい》・首《おびと》などの姓を与えられた。こうして朝廷は、氏姓制度に基づき財政・軍事・祭祀《さいし》・裁判などを行った。やがて朝廷の力は衰退し、氏姓制度も形骸化《けいがいか》したが、「氏」と「姓」は有力者たちの間に定着したのである。

氏姓制度における「氏」は天皇から与えられたり、あるいは地名や朝廷の職掌にちなんだ同族集団を指し、源氏、平氏、藤原氏、橘氏、豊臣《とよとみ》氏などが有名である。しかし、たとえば藤原氏に子どもがたくさん誕生して家が増えると、同じ「藤原氏」があまりに多くなり、わからなくなってしまう。そこで、本拠とした地名などを「名字」として採用する家があらわれた。薩《さっ》摩《ま》・大隅《おおすみ》（鹿児島県）、日向《ひゅうが》（宮崎県）にまたがる島津荘《しまづのしょう》を名字とした薩摩島津氏などはそのよい例であろう。

一方、「姓」は先述のとおり、もともとはヤマト政権との関係や地位を示す称号で、国造、県主などがあった。その後、臣連制が採用され、天武《てんむ》天皇の時代に制定された「八色《やくさ》の姓」で「朝臣《あそん》」「宿禰《すくね》」など八つが定められた。ただし、のちにはおおむね「朝臣」が主流となっていく。

名前のライフサイクルも実に複雑である。子どもは生まれると「～丸」、「～千代」などの「幼名《ようみょう》」がつけられた。十三歳頃になって元服《げんぷく》すると、烏帽子親《えぼしおや》（元服の際に烏帽子を被せる有力者。擬制的な父）から「～太郎」などの「仮名《けみょう》」をつけてもらう。同時に、「諱《いみな》」もつけられる。「諱」は父祖伝来の「通字《とおりじ》」（織田信長《おだのぶなが》なら「信」の字）や主君から「偏諱《へんき》」（主君の諱の一字）を与えられることが多い。「通字」と「偏諱」を組み合わせることもある。

ちなみに戦国時代の人々は、「諱」で呼ばれることがなかった。もともと「諱」は「忌《い》み名《な》」

と書き、死後に贈られる称号であり、のちに生前の実名を指すことになった。そのため、生前に口にすることは憚《はばか》られ、諱で呼び掛けることを許されたのは、親、主君など目上の人だけで、その他の人が諱で呼び掛けることは、失礼なこととされてきた。生前は「諱」で呼ばれず、「仮名」などが用いられた。

同時に「官位・官途」も名前の一部を成すようになった。本来、それらは名前ではなく、受《ず》領《りょう》（尾張守《おわりのかみ》など）や京官（左大臣など）など、朝廷の官職名であった。相手を「大和守殿《やまとのかみ》」などと呼んでいたのは、「諱」で呼ぶことを忌避《きひ》してのことだ。なお、官職は朝廷からの正式なルートで授与されることもあったが、地方の武将の多くは自称であった。また、仮に「大和守」を称していても、実際に大和国支配に関わっていたわけではなく、多くは父祖伝来で自称していたものを名乗っていた。

名乗る場合は、「名字」＋「仮名（あるいは官位・官途）」＋「諱」を用いていたが、口宣案《くぜんあん》（官職の辞令書）には、「氏」＋「姓」＋「諱」といった順で記される。たとえば「平朝臣信長《たいらのあそんのぶなが》」の場合は、「平」が「氏」、「朝臣」が「姓」、「信長」が「諱」であり、「たいらのあそん」のように「氏」と「姓」の間には必ず「の」を入れて読む。

このように、一口に名前といっても、現在とはだいぶ趣《おもむき》が違って、実に複雑だったのだ。

◇「諱」と「偏諱」について

続いて、前節で触れた「諱」と「偏諱」について見ていくこととしよう。

まず、「諱」は元服と同時につけられた。

先に少し触れたが、もっともポピュラーだったのが、先祖伝来の「通字」を必ず用いるということである。通字とは、祖先から代々伝わる文字を諱の一文字に充《あ》てることである。系字《けいじ》ともいう。それを諱の一部にすることによって、その家の正統な家督継承者、または一員であることを内外に示しえたのである。

足利《あしかが》将軍家の場合は、「義」の字が通字である。歴代将軍でいえば、足利義満《よしみつ》、義政《よしまさ》、義晴《よしはる》、義輝《よしてる》、義昭《よしあき》あたりが有名だろう（「義」を用いないのは初代将軍の尊氏《たかうじ》だけ）。

このように足利将軍家では、ほとんどの場合が通字の「義」を用い、それに下の字を一字加えて「諱」とした。ただ改名には非常に大らかであり、第六代将軍・義教《よしのり》は、最初「義宣《よしのぶ》」と名乗っていたが、「世を忍ぶ」という言葉に通じる語呂の悪さを嫌って改名している。また、八代将軍・義政は、初名を義成《よししげ》といい、後花園《ごはなぞの》天皇が名付け親だった。「成」の字が選ばれたのには、もちろん理由があった。義成の二字には、どちらも「戈」の字が含まれていた。これは、戊戌《ぼじゅつ》の年に誕生した祖父・足利義満の武徳にちなんだものであると指摘されている。

その後、義成は義政と改名した。その理由は、後花園天皇の第一皇子の諱が成仁《ふさひと》親王（のちの後土御門天皇《ごつちみかど》）に決定したので、同じ諱の「成」を避けるためだった。天皇候補者の諱が決定すると、臣下に同じ字が含まれた場合は、改名するのが慣例だったのである。

室町幕府が関東支配のために置いた鎌倉府の長である鎌倉公方《くぼう》家の場合は、「氏」の字が通字である（例外あり）。残りの一字は、室町将軍家の諱から与えられた。第二代鎌倉公方の足利氏満《うじみつ》は足利義満の「満」、四代公方・足利持氏《もちうじ》は足利義持《よしもち》（四代将軍）の「持」、という具合である。これが、先述した偏諱授与である。なお、「永享《えいきょう》の乱」が勃発《ぼっぱつ》したのは、持氏が子（義久《よしひさ》）の「諱」を付ける際、当時の将軍であった足利義教の「教」を採用しなかったことが一因とされる。

父祖代々伝わる通字であっても、途中で捨てることがあった。豊後《ぶんご》（大分県）・大友《おおとも》氏の場合は「義」の字が通字で、大友義鎮《よししげ》（宗麟《そうりん》）は有名だろう。その義鎮の子・義統《よしむね》は豊臣秀吉《ひでよし》の配下になると、秀吉から「吉」の字を与えられ、「吉統」と名乗った。「よしむね」という読みは同じであるが、通字を捨てた例である。

「諱」に加えることで家系の正統性を付与する「通字」に対して、大名などが家臣に「諱」の一部を与えるのが「偏諱授与《へんきじゅよ》」である。「偏諱」とは、貴人などの二字名の中の一方の字を忌み避けること、あるいはその二字名の一方の字のことを意味するが、「偏諱授与」についていえば後者における意味合いである。恩典の一つと考えてよいだろう。

足利将軍家の場合でいえば、たとえば第十二代将軍・義晴は「晴」の字を金銭などと引き換えにして戦国武将に与えた。「尼子晴久《あまごはるひさ》」や「赤松晴政《あかまつはるまさ》」はその一例である。戦国時代の足利将軍は戦国武将に偏諱授与を行ったが、その見返りとして多額の金銭を授受した。偏諱を授与することにより、財政不足を補ったのだ。一方で、地方の武将にとっては、将軍から偏諱をもらう（買う）ことがステイタスだったのだ。そのときは、同時に口宣案により、官途も与えられることが多かった。

もう一つ重要なのは、主君と配下の者との関係である。偏諱授与は恩典の一つであると同時に、家臣との紐帯《ちゅうたい》を強める作用もあった。

元服時には、主君から配下の者に対して、「偏諱」を授与されることも決して珍しくなかった。たとえば、播磨国《はりまのくに》（兵庫県）などの守護《しゅご》・赤松義村《よしむら》は、「村」の字を家臣たちに与えていた。「別所村治《べっしょむらはる》」はその一例であるが、ほかの赤松氏家臣も軒並《のきな》み「村〜」と名乗っている。同様に、播磨などの守護を努めた赤松政則《まさのり》は、諱の「則」の字を家臣に与えた。「別所則治《のりはる》」「小寺《こでら》則職《のりもと》」「浦上則宗《うらがみのりむね》」はその代表である。政則の後継者の義村も、その例にならって「村」の字を家臣に与えたのである。以降、赤松氏は当主が変わるたびに、諱の一字を家臣に与え、互いの関係を強めようとしたのである。

そうなると、主君が変わったときも同様に「諱」を変更する契機となった。足利義晴から偏諱（「義」の字）を受けた大友義鎮は九州各地を席巻《せっけん》したが、征服地の大名には「鎮」の字を与えて改名させた。「鎮」の字を与えられた大名は、それまでの主君を捨てて、大友氏に従ったのである。

「諱」だけではなく、「名字」も同様のケースがある。たとえば、播磨の黒田職隆《くろだもとたか》・孝高《よしたか》（官兵衛《かんべえ》）父子は、姫路の御着《ごちゃく》城主・小寺氏の配下に加わると、「小寺」の名字を授けられた。しかし、天正《てんしょう》六～八年（一五七八～八〇）にかけて戦われた「三木《みき》合戦」後、羽柴《はしば》（豊臣）秀吉に敗北した小寺氏が放逐《ほうちく》されると、黒田父子は「小寺」を返上して、もとの「黒田」に戻った。小寺氏との主従関係が解消されたからである。

似たような例では、備前《びぜん》・美作《みまさか》（岡山県）を支配した宇喜多《うきた》氏のケースがある。宇喜多氏は有能な家臣に対しては、「浮田《うきた》」の名字を与え、重臣として重用していた。ただし、なぜ「宇喜多」ではなく、読み方が同じで字が異なる「浮田」なのか、その辺りの詳しい経緯は不明である。

豊臣秀吉は偏諱授与ではなく、名字の「羽柴」、氏の「豊臣」を臣下に授与していた。天正十三年（一五八五）、秀吉は関白《かんぱく》に任官され、その翌年には「豊臣」姓を正親町《おおぎまち》天皇から下賜《かし》された。以後、秀吉は独自の武家官位制を創出し、「羽柴」「豊臣」を積極的に諸大名に与えることにより、大名統制を図ったのである。

名前とは父祖から伝わる大切なものであったが、それは単なる個人を識別する記号ではなかった。ときに権力と密接に関わっていたのである。名前を通して、戦国武将の関係性や力関係を見るのもおもしろい。

そのほか、法名《ほうみょう》も名前に含めてよいだろう。戦国武将が出家すると、剃髪《ていはつ》して法名を名乗った。法名とは、仏門に入って出家受戒《しゅっけじゅかい》のときに授けられる名のことである。武田《たけだ》晴信《はるのぶ》は出家して「徳栄軒信玄《とくえいけんしんげん》」と、上杉輝虎《うえすぎてるとら》は出家して「不識庵謙信《ふしきあんけんしん》」と名乗った。二人とも本来の諱よりも、法名のほうが有名ではないだろうか。

なお、戦国武将も改名にはあまり頓着《とんちゃく》せず、特に立花宗茂《たちばなむねしげ》は頻繁《ひんぱん》に改名したことで知られている。もちろん改名するのには、当主が代わるなど、さまざまな理由があった。

以上のように、戦国武将の諱・通字・偏諱から様々なメッセージを読み取ることができるのである。

◇「官位・官途」とは

名前を語るうえで、欠かせないのが官位・官途である。官位・官途は名前ではないが、名乗りの一部に含まれており、先述のとおり、他者からは諱を避けるという意味で、名前のごとく呼ばれた。では、官位とは、どのようなものなのか。

官位とは、律令制下《りつりょうせい》の官職と位階（官僚の序列）の総称である。律令制の施行に伴い、中央には二官（太政官《だいじょうかん》・神祇官《じんぎかん》）と八省（中務省《なかつかさ》・式部省《しきぶ》・治部省《じぶ》・民部省《みんぶ》、兵部省《ひょうぶ》・刑部省《ぎょうぶ》・大蔵省《おおくら》・宮内省《くない》）を中心とする官職が、地方には国司《こくし》などの地方官が設置され、これを官位と称した。

律令官人制機構では、位階による官人の序列と、機構における官職の位置との対応関係があった。これを官位相当制と称する。たとえば、太政大臣《だいじょうだいじん》になるには、正一位《しょういちい》または従一位《じゅいちい》という位階が必要となる。鎌倉時代において、源頼朝《みなもとのよりとも》は御家人《ごけにん》が朝廷から直接官職を授けられることを禁じた。基本的に頼朝が推挙することとし、以後も基本的にこのスタイルが継承され、叙位任官（叙任）も幕府による御恩の一つとなる。

室町幕府においては、叙位任官が、一般的に次のような手続きを踏まえて行われた。叙任を希望する者は、窓口である室町幕府の官途奉行《ぶぎょう》に申請を行う（申請先は例外がある）。申請は官途奉行から、叙任の概要を記した文書（挙状《きょじょう》など）を添えて、朝廷の叙任を担当する職事《しきじ》（弁《べん》官《かん》・蔵人《くろうど》）へ伝えられる。

叙任の件は、職事から上卿《しょうけい》（業務を指揮する公卿）を経て、外記局《げききょく》（除目《じもく》・叙位などの儀式を執行する職）に詳細が伝えられる。そして、口宣案という辞令書、そして位記《いき》（位階を授けるときに与える文書）または宣旨《せんじ》を作成する。口宣案などは、職事から幕府を経て、申請者に届けられた。その後、申請者は相応の謝礼を幕府や朝廷に届ける。

右の手続きが正式なものであるが、戦国時代になると簡素化された。それよりも重要なことは、申請して官位を獲得する例よりも、私称する例のほうが多いということである。それは、おおむね室町幕府の第三代将軍・足利義満の時代から顕著になるという。むろん、あくまで私称なので、周囲がその「官位」を正式のものと受け止められるくらいの〝信憑性《しんぴょうせい》〟が必要だった。極端にいえば、一国衆《くにしゅう》が、いきなり「太政大臣」などと私称しても無視されるだけなので、分相応、ほどほどの官位を名乗っていたようである。

◇売買された官位

戦国時代に至ると、幕府を経ずして、直接、朝廷に官位を申請する例が急増する。それは、室町将軍が畿内の争乱により、京都を離れる期間が長くなったからであった。一方で、朝廷では財政が窮乏化《きゅうぼうか》するという事情もあり、大名からの礼金を目当てにして、官位を売る事例が頻繁に見られた。しかし、大名の格はさすがに考慮されたようで、バランスを逸する官位を希望した場合は拒否することもあった。それは、室町幕府も同じである。

大名の家臣である陪臣《ばいしん》は、基本的に正式なルートにより任官されることはなかった。ところが、戦国時代になると、大内義隆《おおうちよしたか》の家臣や織田《おだ》氏（斯波《しば》氏の家臣）が正式な手続きを踏まえて任官された。ただ、これは例外的な措置と指摘されている。

近年、ホットな論争を巻き起こしたのは、受領官途《ずりょうかんと》（三河守《みかわのかみ》など）を大名が得ることにより、領国支配を円滑《えんかつ》に行ったり、対外的に優位に立つ効果があったのか否《いな》かという問題である。従前、戦国時代の官途は、あまり意味がなく空名《くうめい》であるといわれてきた。そのような現状に対する問題提起であった。

官途の実利的な効果の例としては、織田信秀《のぶひで》と今川義元《いまがわよしもと》の三河守、あるいは大内義隆の大宰大弐《だざいのだいに》、筑前守《ちくぜんのかみ》、伊予介《いよのすけ》がある。ところが、右の事例については、受領官途の在地効果を検証するに際して過大評価、もしくは不適当であると指摘されている。また、播磨・赤松氏が隣国の受領官途（美作守、備前守）を名乗ることにより在地支配の効果があるという説もあったが、そもそも基づいた史料がいいかげんなもので、現在では完全に否定されている。近年では、官途に実利的な効果があったことを証明するのは、ほぼ不可能であるといわれている。

ちなみに、受領官途と支配する国との関係は考慮されているかという問題があるが、それは特に関係がないようだ。受領官途と支配する国は、一致する例がないわけではないが、関係ないものが多かった。たとえば、羽柴秀吉は筑前守を名乗っていたが、別に筑前国（福岡県）支配に関わっていたわけではないのだ。

受領官途は受け取る側が何らかの効果があると思い、有効的に支配を進めるための名分《めいぶん》に過ぎない。支配される領民や他の大名がどう受け取るのかは、別の問題といえよう。

「姓名・呼び名」詳解

◎氏

同族集団を示すもので、地名（尾張氏など）、朝廷の職掌（大伴氏など）、天皇から与えられる（源氏、平氏、藤原氏、橘氏、豊臣氏など）などのパターンがあった。

◎姓

古代における氏族の称号のことで、臣、連など数十種類ある。六八四年の「八色の姓」により、朝臣、宿禰など八種類が定められ、氏族の身分秩序の指標とした。

◎諱

本来は「忌み名」と書き、死後に贈られる称号であった。のちに生前の実名を指すことになった。通常、他人が諱（実名）で呼び掛けることはなかった。

◎名字

血縁集団の家の拡大とともに、「氏」だけでは判別が難しくなったので、家族集団として地名などを名字（苗字）とした。

◎官位 官途

受領（尾張守など）や京官（左大臣など）などの朝廷の官職。本来は名前ではないが、「尾張守殿」などのように呼ばれた。自称することも多々あった。

◎幼名

元服以前の幼年時代の名前で、「童名」とも。生まれてすぐにつけられる。「〜千代」「〜丸」などが多い。元服後に仮名と諱を与えられ、大人とみなされた。

◎仮名

のちに、烏帽子親につけてもらう名のこと。「〜太郎」「〜次郎」などが多い。諱を呼ぶことが忌避されていたため、仮名で呼ばれた。

第1章 出自を「盛った」大名たち

黒田氏

「近江佐々木源氏出自説」――断絶する家系図の謎

◇議論の多い黒田氏の出自

黒田《くろだ》官兵衛《かんべえ》（孝高《よしたか》・如水《じょすい》）といえば非常に有名な戦国武将で、小説やドラマなどの主人公として数多く取り上げられるなど、人気も高い。官兵衛は豊臣秀吉《とよとみひでよし》に仕えることで台頭し、豊前《ぶぜん》中津《なかつ》（大分県中津市）に約十四万石《ごく》を与えられた。慶長《けいちょう》三年（一五九八）八月に秀吉が病没すると、官兵衛は子の長政《ながまさ》とともに徳川家康《とくがわいえやす》に急接近した。慶長五年（一六〇〇）九月に「関ヶ原《せきはら》合戦」が勃発《ぼっぱつ》すると、官兵衛は長政とともに家康の東軍に属し、勝利を収めた。戦後、長政は恩賞として、筑前名島《ちくぜんなじま》（のちの福岡。福岡市）に約五十二万石を与えられた。以後、子孫は代々繁栄を積み重ね、幕末維新期まで存続したのである。

ところが、その出自については謎が多く、二つの説がある。従来説によると、黒田氏の出自は近江佐々木源氏《おうみささきげんじ》とするものが主流だった。しかし近年、播磨黒田庄《はりまくろだしょう》出自説（赤松《あかまつ》氏の子孫）という説が登場し、大きな議論を巻き起こした。

出自論争はまことに興味の尽きないところであるが、はたして事実はどうなっているのであろうか。以下、それぞれの説が根拠とする史料に基づいて、黒田氏の出自について考えることにしよう。

◇「近江佐々木源氏出自説」

最初に確認するのは、近江佐々木源氏出自説である。その根拠となっているのは、『寛政重修諸家譜《かんせいちょうしゅうしょかふ》』と『黒田家譜』である。

『寛政重修諸家譜』は、寛政・文化《ぶんか》年間（一七八九～一八一八）に江戸幕府が編纂《へんさん》した大名・旗本《はたもと》など幕臣の系図集で、千五百三十巻から成る。先行する『寛永諸家系図伝《かんえいしょかけいずでん》』（寛永二十年〈一六四三〉完成）を補訂するため、諸大名らから先祖書の提出を求めて作成したので、もっとも信頼の置ける系図集とされている。とはいえ、古い時代の人物の記述内容は、脚色が珍しくないので注意が必要である。

同系図で黒田氏は、「宇多《うだ》源氏　佐々木氏庶流」と位置付けられている。その祖は京極満信《きょうごくみつのぶ》の次男・宗満《むねみつ》（『黒田家譜』では宗清《むねきよ》）であり、近江国伊香《いか》郡黒田村（滋賀県長浜市木之本町《きのもとちょう》黒田）に住し、黒田を姓としたと伝える。ただし、宗満以降は、宗信《むねのぶ》―高教《たかのり》―高宗《たかむね》と続くものの、高宗から重隆《しげたか》に至る間が中絶しており、『黒田家譜』には記載のある高政《たかまさ》（孝高の曽祖父《そうそふ》にあたる）

黒田氏略系図

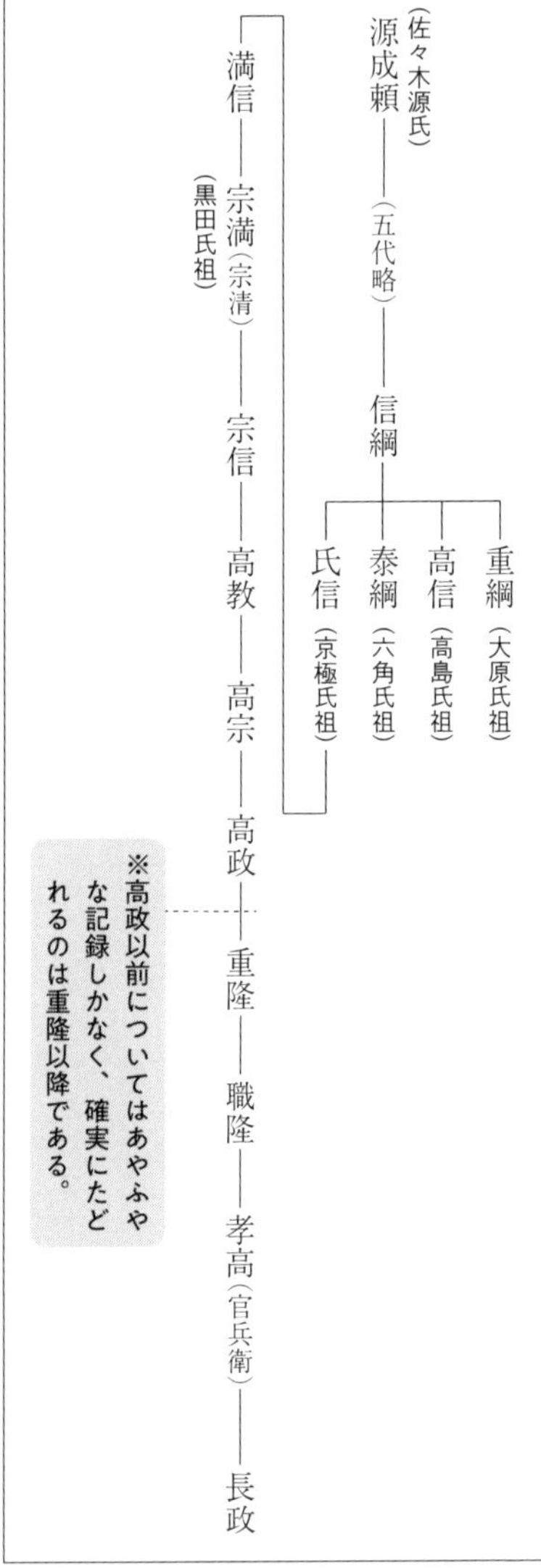

の名を記していない。それは『寛永諸家系図伝』においても同様である。その理由はなぜだろうか。

『寛政重修諸家譜』では、わざわざ高宗の子を高政とし、高政の子が重隆であると注記しているが、ここからは編者の疑問がうかがえる。高政は理由があって近江国を去り、備前《びぜん》国（岡山県）へ移ったので正式な代数に加えられていない。なお、宗満が亡くなったのは正平《しょうへい》十二年（一三五七）のことで、年齢は七十九歳だった。重隆が亡くなったのは、永禄《えいろく》七年（一五六四）

二月のことで、没年齢は五十七歳である。

つまり、宗満没後の二百七年という長い期間において、宗信―高教―高宗―重隆という四代では、代数が足りないと編者は疑問に思い、高宗と重隆の間に高政なる人物を置いたのだ。この事実は、いったい何を意味するのか。

少なくとも高宗以前と、高政を挟んだ重隆以降における黒田氏の系譜は疑問点が多く、信が置けないということになろう。系譜を差し出した当の黒田家においても、その間の系譜を把握していないのである。

一方、『黒田家譜』では、高政を「宗清(宗満)より六代の孫」と記している。つまり、『寛政重修諸家譜』における宗満(宗清)―宗信―高教―高宗に加えて、某―高政と続くように設定したのだ。『黒田家譜』が宗満を黒田家初代と位置付けるのは、『寛政重修諸家譜』と同じであるが、実は高政は、ほかの信頼性の高い史料にはその名の見えない人物で、やはり疑問が残るといわざるを得ない。

現在、黒田の地には黒田判官《はんがん》邸跡が残っており、「黒田氏旧縁之地」という石碑がある。その傍らには、「黒田《くろだ》判官代《はんがんだい》　源宗清」の墓石がある。これは、黒田長成《ながしげ》(長政から十三代目の当主)が昭和二年(一九二七)に建立《こんりゅう》したものだ。

◇佐々木黒田氏とは

そもそも、佐々木源氏とは、どのような来歴を持つのだろうか。

これについては、比較的多くの史料に恵まれている。佐々木源氏は宇多天皇を先祖とする宇多源氏の一流である。平安時代に源 成頼《みなもとのなりより》が近江国佐々木荘《ささきのしょう》（滋賀県近江八幡市《おうみはちまん》）に下向《げこう》して本貫《ほんがん》の地とし、佐々木を姓とした。以後、鎌倉時代から戦国時代を通して、近江国に勢力基盤を持った。京極氏や六角氏《ろっかく》も、佐々木源氏の流れを汲《く》む。近江国内では、佐々木源氏の庶流が各地に住み、室町幕府の奉公衆《ほうこうしゅう》を務める者もいた。黒田氏も、その一つである。

室町幕府の奉公衆の名簿である『永享以来御番帳《えいきょういらいごばんちょう》』には、御相伴衆《ごしょうばんしゅう》として佐々木黒田備前守《びぜんのかみ》高光《たかみつ》の名前が確認できる。高光の名は、『建内記《けんないき》』（室町時代の公卿《くぎょう》・万里小路時房《までのこうじときふさ》の日記）永享《えいきょう》二年（一四二九）七月二十五日条などにもあらわれる。二人は、まったくの同一人物として差し支えない。しかも、幕臣として相当高い地位にあったと考えられる。同じく『文安《ぶんあん》年中御番帳』には、外様衆《とざましゅう》として佐々木黒田四郎《しろう》の名が見える。

康正《こうしょう》二年（一四五六）七月には、殿中に伺候《しこう》した面々の一人として、黒田伊豆守信秀《いずのかみのぶひで》が登場する（「益田家文書《ますだけもんじょ》」）。しかし、先に触れた高光や黒田四郎との系譜関係は不明である。少なくとも、黒田氏は佐々木氏の支族であり、幕府に仕える奉公衆であったことはたしかである。佐々木黒田氏は室町幕府の直臣《じきしん》であり、その地位は相当に高かったのである。

このほかには、甘露寺《かんろじ》親長《ちかなが》の『親長卿記《きょうき》』文明《ぶんめい》十八年（一四八六）七月二十九日条に黒田左《さ》馬助貞長《まのすけさだなが》の名が見えるなど、佐々木黒田氏が実在したことは明らかである。しかし、肝心の宗満（宗清）以下の系譜や、その六世の孫とされる高政が史料に登場しないことは注意すべきである。先述したとおり、高政の名がないのだから、単純に黒田氏を佐々木源氏の子孫とするのは危険である。

◇播磨黒田庄を出自とする説

次に、播磨黒田庄出自説を取り上げることにしよう。

近年、兵庫県西脇《にしわき》市黒田庄町を黒田氏の出自とする説がある。播磨国内に黒田の地名を有するのは、同地だけである。その根拠となるのは、勝岡孔美《かつおかみちよし》の手により近世後期成立に成立した『荘厳寺本《しょうごんじ》　黒田家略系図』（荘厳寺所蔵。以下『黒田家略系図』と略）や『播磨古事』という系図や編纂《へんさん》物《ぶつ》である。

特に、『黒田家略系図』は、黒田氏の先祖を赤松《あかまつ》氏とするなど興味深いことを記している。これまで同系図は知られていなかったので、詳しく検討することとしたい。『黒田家略系図』が示す、黒田氏の系譜は次のようになる。

赤松円光――重光――重勝――重康――光勝――重貞――重昭――重範――重隆┬治隆
└孝隆（孝高・官兵衛）

この系図では黒田氏が赤松円光《えんこう》を先祖とし、黒田庄が本拠だったと記している。円光は赤松円心《えんしん》（則村《のりむら》）の弟であり、別所《べっしょ》氏の祖とされる人物である。黒田家の実質的な先祖は二代の重《しげ》光《みつ》であり、観応《かんのう》二年（一三五一）に黒田城（兵庫県西脇市）に移ったという。以降、重光は黒田を姓とした。なお、同系図の各人物に関する注記は、没年、法名《ほうみょう》、妻の名前などが記されており具体的である。

重光以降、黒田氏の歴代当主は黒田城を居城とし、石原氏、比延《ひえ》氏、赤松（春日部《かすかべ》）氏、小《こ》寺《でら》氏などから妻を娶《めと》ったと記す。石原氏、比延氏は、現在の西脇市に所在した有力な領主である。こうして黒田氏は婚姻《こんいん》を通じて周囲の有力者と結び、着々と黒田城周辺に勢力基盤を築いたのである。

もっとも重要なのは、官兵衛（孝隆）である。この系図は、官兵衛が重隆《しげたか》の次男であり、長男の治隆《はるたか》は赤井五郎《あかいごろう》と戦って亡くなったと記す。その後、黒田城は廃城となり、官兵衛は「小寺美濃守《みののかみ》職隆《もとたか》猶子《ゆうし》トナリ姫路城ヲ守ル」ことになった。ポイントは、官兵衛が重隆の孫ではなく次男であり、のちに小寺職隆の猶子（相続を前提としない親子関係）になったとされている点である。つまり、この新説は、黒田氏が近江佐々木源氏の支族であるという従来説を否定し、赤松氏の支族であるとしたうえで、その本拠を播磨国黒田庄としているのであり、従来説にあった重隆―職隆―官兵衛と続く黒田家の系譜を否定するものなのである。

◇『播磨鑑』に書かれたこと

『黒田家略系図』に記された黒田氏の系譜について、『播磨鑑《はりまかがみ》』という史料で、もう少し検証してみよう。

『播磨鑑』は、近世における播磨の郷土史家・平野庸脩《ひらのようしゅう》の手になる地誌で、宝暦《ほうれき》十二年（一七六二）に成立した。平野は享保《きょうほう》四年（一七一九）から四十三年もかけて、同書を執筆したといわれている。庸脩の生没年は不明であるが、残された書幅などから、八十歳を超える長命だったと考えられる。庸脩は播磨国印南《いなみ》郡平津《ひらつ》村（兵庫県加古川市米田町《よねだちょう》平津）出身の医者だったが、天文地理、数学暦術にも通じていた。

同書の引用書目を見れば、多くの史料を使用しており、調査が行き届いている印象を受ける。ただし、それらの史料を検証すると、一次史料の古文書は引用されているものの乏しく、性質上問題のある二次史料の編纂物や文学作品に偏っている。とはいえ、かつて播磨国の歴史研究では、よく利用された史料である。

次に、『播磨鑑』に記載された、黒田家関係の記述を確認しておこう。多可《たか》郡の項目には「多田《ただ》構居《こうきょ》　在黒田村」とあり、領主は黒田下野守《しもつけのかみ》重隆であると、『黒田家略系図』と同じことが記されている。多田構居は、西脇市黒田庄にあった砦《とりで》である。

しかし、国府山《こうやま》城（兵庫県姫路市）の項目には、黒田家の先祖について「（官兵衛の）先祖は、宇多源氏の後胤《こういん》で黒田判官備前守《びぜんのかみ》高満《たかみつ》の子孫・下野守重隆である。理由があって、重隆は播磨国多可郡黒田村に住した。重隆の嫡子《ちゃくし》・官兵衛は、姫路城主である美濃守職隆の猶子となって、姫路城を守った」と記述されている。

ここでのポイントは、①黒田家を宇多源氏（佐々木源氏）とし、赤松氏の子孫とはしない、②重隆の先祖として高満の名が挙がっている、③官兵衛は重隆の子息であり、のちに小寺職隆の猶子となった、という三点である。つまり、『播磨鑑』と『黒田家略系図』の記載のうち、共通するのは③ということになる。

◇黒田家系譜の混乱ぶり

一般的な黒田氏の系図によると、職隆を重隆の子とするものが圧倒的である。しかし、『播磨鑑』や『黒田家略系図』は、官兵衛が重隆の子息で、のちに職隆の猶子になったとする。

この真偽をめぐり、『播磨鑑』の姫路城歴代城主の項目における記述を見ながら検討していくこととしよう。

まず、「黒田下野守重隆」については、「(重隆は)宇多源氏佐々木氏の末流で、黒田判官宗満から七代のちの備前国福岡城主・黒田右近大夫《うこんのたいふ》高政の子である。はじめは備前国に住み、中頃に播磨国多可郡黒田村に移り、最後は姫路に住んだ。五十七歳で没。法号は宗卜《そうぼく》」と説明している。

一方、「小寺美濃守職隆」の説明では、「(職隆は)黒田の系図には黒田下野守重隆の子とし、小寺の系図では小寺加賀守則職《のりもと》の長男とある。とはいえ、この下野守重隆が姫路に移ったということは、古記には見えない。『佐用軍記』には、小寺氏が姫路で飾東《しきとう》・飾西《しきさい》両郡を支配するとあり、このことははっきりとわかっている。同じ頃、飾西郡には赤松則房《のりふさ》という大名があり、飾東郡には小寺政職《まさもと》という大名がいた。殊《こと》に、則房は播磨の旗頭である」と書かれている。

平野庸脩は、職隆の記述の中で、重隆には姫路に知行地《ちぎょうち》があったのかと疑問を呈している。これだけではなく、職隆が小寺家の家老で、小寺の名字を与えられたと記述したり、文中に登場する御着城《ごちゃく》(兵庫県姫路市)主の小寺政職が西播磨で威勢を振るっていた職隆と親交を結び、のちに小寺姓を与えたとも記したりするなど、職隆の位置づけについて混乱していることがうかがえる。

おそらく、平野庸脩は職隆の姓が小寺と記されていたので、純粋に小寺氏の系譜を引くと勘違いしたのだろう。しかし、小寺氏と職隆の間に血縁関係はない。もともと職隆は黒田姓であり、のちに小寺氏の家臣になって小寺姓を与えられたというのが真相である。平野庸脩は、その事実を知らなかったのだ。それゆえ、重隆と官兵衛を親子とし、のちに官兵衛が小寺職隆の養子になったということで辻褄《つじつま》を合わせようとしたのだろう。

つまり、官兵衛が重隆の子で、のちに職隆の養子になったというのは、平野庸脩の無知によるものだった。それは、『黒田家略系図』を作成した勝岡孔美も同じである。

◇黒田氏の出自とは？

結論からいえば、『黒田家略系図』にある、黒田氏が赤松氏の支族であるという説、黒田庄に本拠を置いたという説、官兵衛が職隆の養子になったという説は、いずれも誤りである。

第一に、『黒田家略系図』にあらわれる黒田氏歴代の人々は、重隆、官兵衛を除いて一次史料に登場しないので、本当に実在したのか疑わしい。それは、黒田家に嫁《とつ》いだ女性に関しても同じである。たとえば、小寺伊勢守《いせのかみ》の妹は重貞のもとに嫁いだと記されているが、そもそも小寺伊勢守の実在が確認できない。『黒田家略系図』にあらわれる人々は、架空の存在ではないかと疑われる。

第二に、『黒田家略系図』には黒田重隆が永禄十年（一五六七）八月十七日に亡くなり、その間の三十五年を黒田城に在城したと記している。ところが、天文年間頃から、重隆は御着城の小寺氏配下にあって活動したことが明白である。また、『黒田家略系図』は、重隆の法名を「霊光院覚智性悟大禅定門」と記すが、重隆自身が「宗卜」と連署状に自署しているとおり(「称名寺文書《しょうみょうじもんじょ》」)、『黒田家譜』に載せる「春光院善岩宗卜」が正しい。重隆の法名には、一次史料との齟齬《そご》が見られる。

第三に、『黒田家略系図』中の孝隆(官兵衛)の注記には、「小寺美濃守職隆猶子トナリ姫路城ヲ守ル」とあるが、『播磨鑑』を書いた平野庸脩と同様、職隆が小寺氏の系譜を引くと勘違いしている。職隆の本姓は、「黒田」であることが一次史料(「芥田文書《あくたもんじょ》」)からも明らかなのである。黒田家の職隆が小寺則職・政職父子に仕え、小寺姓を授けられたのだ。したがって、官兵衛が職隆の猶子であったという説は、まったくの誤りといわざるをえない。

官兵衛の黒田氏は、現在の姫路市周辺の土豪だったと考えられる。何らかの契機に、小寺氏の配下に収まったのであろう。近世に至って、黒田氏は自らの貴種性《きしゅせい》をアピールするため、佐々木黒田氏や赤松氏を支族であると主張したのだろう。

つまり、重隆より前の系譜については、『寛政重修諸家譜』や『黒田家譜』はもちろんのこと、『黒田家略系図』、『播磨鑑』の記載も、まったくアテにならないということになる。

宇喜多氏

百済王末裔説など数多く残る「伝説」の真相とは?

◇謎に包まれた宇喜多氏の出自

宇喜多《うきた》氏といえば、備前《びぜん》・美作《みまさか》(岡山県)などを領した大名として知られている。しかし、その出自については、実に謎が多い。宇喜多氏がたしかな史料に登場するのは、だいたい十五世紀の終わり頃くらいからである。十六世紀初頭、宇喜多氏中興の祖である能家《よしいえ》は、浦上村宗《うらがみむらむね》に従って台頭した。孫の直家《なおいえ》の時代になって、宇喜多氏の存在が注目されるようになる。

もともと直家は、備前に基盤を置く浦上宗景《むねかげ》と協調する関係にあった。のちに両者は決裂し、天正《てんしょう》三年(一五七五)に直家が宗景を放逐《ほうちく》した。天正十年(一五八二)に直家が亡くなると(前年に亡くなったという説もある)、子の秀家《ひでいえ》が家督《かとく》を継いだ。秀家は豊臣秀吉《とよとみひでよし》に取り立てられ、ついには五大老《ごたいろう》の一人にまで出世した。しかし、慶長《けいちょう》五年(一六〇〇)九月の「関ヶ原《せきはら》合戦」で西軍に付いた秀家は、徳川家康《とくがわいえやす》率いる東軍に敗れ、戦後は八丈島《はちじょうじま》に流され、大名としての宇喜多氏は滅亡したのである。

宇喜多氏の出自については、京都南禅寺《なんぜんじ》の僧・九峰宗成《くほうそうせい》の手になる『宇喜多能家寿像画賛《じゅぞうがさん》』の百済王《くだらおう》出自説がもっともスタンダードであるが、ほかにもさまざまな説がある。以下宇喜多氏の出自に関する説を紹介し、検討を加えることとしたい。

◇「百済王出自説」

宇喜多氏の出自に関する史料の中で、もっとも有名な史料は、先に記した『宇喜多能家寿像画賛』である。奥書によると、この史料が成立したのは、大永《だいえい》四年（一五二四）八月のことである。成立期が能家の生きていた時代と重なることから、単に系譜を知るだけでなく、宇喜多氏研究の根本史料といえる。

『宇喜多能家寿像画賛』によると、宇喜多氏の祖は備前児島《こじま》（岡山県倉敷《くらしき》市）に漂着した百済の三人の王子で、本姓は三宅《みやけ》氏だったという、のちに海賊として活躍する三宅氏も、備前児島の出身とされている。三宅姓から宇喜多姓を名乗った理由については、武名をあげた三宅氏が郷邑《きょうゆう》の名前を取って、宇喜多（または浮田《うきた》）と名乗ったためと伝える。

かつて浮田村が存在したことは事実だが、その成立は明治二十二年（一八八九）なので、右に示した説は疑問である。飯田忠彦《いいだただひこ》が嘉永《かえい》四年（一八五一）に完成させた『野史《やし》』には、児島高徳《たかのり》の子・高秀《たかひで》が「宇喜多」という地に住んだので、宇喜多氏を称したとするが、これも俗説にすぎないだろう。浮田同様、宇喜多という地名の存在も確認できないからである。

『宇喜多能家寿像画賛』の説を継承したのが、『宇喜多戦記』である。同書の作者や成立年代はわかっていない。『宇喜多戦記』によると、百済王の三人の王子が日本に来たのは、母親の讒言《ざんげん》によるものだったという。三人の王子は日本へ流れ着き、今の備前児島にやって来て、四つの氏に分かれた。それが、三宅・喜多村《きたむら》・紀《き》・宇喜多の各氏である。

岡山藩士の土肥経平《どひつねひら》が編纂《へんさん》した『備前軍記』は、三宅氏から枝分かれした児島高徳の長男・高秀を宇喜多氏の祖とした。同書の宇喜多氏の系譜に関わる箇所は、明らかに『宇喜多能家寿像画賛』に基づいたものである。『宇喜多能家寿像画賛』の説に児島高徳の系譜を繋《つな》げたものが、土肥経平の見解だった。先述のとおり、児島高徳後胤《こういん》説は根強く支持されており、近世に成立した諸書でも紹介されている。この点については、改めて検討する。

◇「伊予皇子出自説」と「頼仁親王出自説」

宇喜多氏の出自については、伊予《いよ》皇子出自説もある。この説を唱えたのは江戸末期の歴史家・小早川秀雄《こばやかわひでお》で、史書『吉備国史《きびこくし》』に書かれている。同書によると、孝霊《こうれい》天皇の皇子として伊予三王子がおり、やがて備前児島に住して三宅氏の祖となったという。ただし、孝霊天皇はその実在性が確認できない伝説上の天皇なので、荒唐無稽《こうとうむけい》な説といわざるをえない。

河野《かわの》伝説（伊予河野氏の出自にまつわる伝承）の一つに、孝霊天皇の御子伊予皇子の三人の子どもが備前児島に漂着し、三宅（屯倉《みやけ》？）を作り、三宅氏の祖先となったというものがある。小早川秀雄は、この伝説に飛びついたのかもしれない。当時は、こうした伝承の類も有力な根拠として採用されたのだ。

宇喜多氏の始祖を頼仁《よりひと》親王に求める説もある。承久《じょうきゅう》三年（一二二一）に「承久の乱」が勃発《ぼっぱっ》すると、当事者である後鳥羽《ごとば》上皇は、現在の島根県沖の隠岐島《おきのしま》へ配流となった。同時に、上皇の皇子の頼仁親王も児島に流された。この事実は『吾妻鑑《あずまかがみ》』にも記載があり、『承久軍《いくさ》物語』にも書かれているので疑いないだろう。宝治《ほうじ》元年（一二四七）、頼仁親王は児島の尊龍院《そんりゅういん》（岡山県倉敷市）で亡くなったという。

尊龍院は由緒ある山伏《やまぶし》の法院で、太法院《たいほういん》、報恩院《ほうおんいん》、建徳院《けんとくいん》、伝法院《でんぼういん》と合わせ、五流《ごりゅう》と称せられる。その由来は、役行者《えんのぎょうじゃ》が文武《もんむ》天皇の世に伊豆《いず》大島《おおしま》へ配流されたとき、五流八家十二家の山伏が熊野《くまの》権現《ごんげん》の御神体と宝物を船に載せ、備前児島に来て幣帛《へいはく》をとどめたことにはじまる。その弟子たちが、先の五つの寺院を創建したと伝わる。

承久二年（一二二〇）に、後鳥羽天皇の子・桜井宮《さくらいのみや》が児島に下向《げこう》した際、尊龍院は荒廃から復興したという。以後、尊龍院は御《ご》庵室《あんしつ》と呼ばれ、由緒ある寺院と位置付けられた。尊龍院に残る系図では、頼仁親王の曽孫《そうそん》が南北朝期に活躍した児島高徳で、宇喜多氏の始祖になったことを記す。また、「備前佐々木氏系図」によると、宇多天皇を祖とする宇多源氏佐々木氏の末《まっ》裔《えい》を児島高徳にする説もあるが、明確な根拠がなく非常に疑わしい。

頼仁親王出自説は、貴種《きしゅ》に先祖を求める典型的な例である。地方に流された貴族が配流先の豪族の娘を妻とし、その子孫が地方の有力者となった説は多々見られる。頼仁親王出自説も同様に考えれば、にわかに信を置くことはできない。

◇「天日槍出自説」

天日槍《あめのひぼこ》出自説は、宇喜多氏の始祖を帰化人の天日槍とするものである。天日槍は新羅《しらぎ》第一世の王・赫居世《かくきょせい》の皇子で、妻のアカルヒメを追って日本に上陸し、播磨《はりま》（兵庫県）、近江《おうみ》（滋賀県）、若狭《わかさ》（福井県）を経て出石《いずし》（兵庫県豊岡市）にとどまった。招来した八種の神宝は、出石神社に祭られたという。各種の伝承は、新羅系渡来人の伝承をもとにして、国内で複雑に発展したといわれている（天日槍伝承）。

天日槍には、三人の子がいた。天日槍が児島を拝領した際に、長男が中児島を領し、次男の東郷氏が東児島を領し、三男の西郷氏が西児島を領した。この三家は三宅といわれ、備前児島に勢力基盤を持った三宅氏の先祖である。このことは、『三河三宅氏系図』に見られるもので、最終的に天日槍の子孫は児島高徳につながる。そして、高徳の三男・高貞《たかさだ》は、三河《みかわ》国田原《たはら》（愛知県田原市）藩主・三宅氏の祖となった。『備前軍記』はこの説も採用し、宇喜多氏の先祖は新羅の王子の天日槍としている。

この説も、冒頭の百済王説と同様に、三人の王子が児島に住んだことを根拠とする。児島郡は四郷に分かれており、その一つが三宅郷だった。そして、古代には児島郡に「屯倉」が置かれていた。屯倉とは、律令制《りつりょうせい》以前に天皇の直轄地である御田《みた》に置かれたもので、収穫した穀物を納めた倉および官舎、あるいは朝廷直轄領を示す。

◇「児島高徳後胤説」

ここまで宇喜多氏の出自についていくつかの説を見てきたが、その多くに登場する児島高徳について触れておこう。児島高徳後胤説は、宇喜多氏の祖を考えるうえで根強く支持され、近世に成立した『赤松再興記』にも「浮田は佐々木の庶流備後三郎高徳が後胤也」とある。備後三郎高徳は、児島高徳のことである。

児島高徳は、後醍醐《ごだいご》天皇に仕えて活躍したとされる武将である。元弘《げんこう》二年（一三三二）、後醍醐天皇が「元弘の変」（鎌倉幕府打倒のクーデター）に失敗し、隠岐《おき》（島根県）へ遠流《おんる》となったとき、播磨・備前国境《くにざかい》の船坂山《ふなさかやま》で佐々木導誉《ささきどうよ》らを襲撃し、後醍醐天皇の奪還を画策したのが児島高徳であるが、その目論見《もくろみ》は失敗に終わった。

それでも高徳は天皇の奪還をあきらめず、夜に後醍醐天皇がとらわれている美作国院庄《いんのしょう》（岡山県津山市）へ侵入した。厳重な警備であったため、天皇奪還を断念するが、傍《かたわ》らの桜の木に、「天莫空勾践《こうせん》　時非無范蠡《はんれい》」（天は古代中国の越《えつ》王・勾践に対するように、決して帝《みかど》をお見捨てにはなりません。范蠡の如《ごと》き忠臣があらわれ、必ずや帝をお助けすることでしょう）という漢詩を彫り、天皇を勇気づけた。

元弘三年（一三三三）、名和長年《なわながとし》の活躍で後醍醐天皇は隠岐を脱出し、伯耆国船上山《ほうきせんじょうさん》（鳥取県東伯《とうはく》郡琴浦町）で挙兵した。そのとき、高徳も幕府軍と戦い戦功を挙げたとされている。その後、後醍醐天皇は諸将を結集し、京都への還幸《かんこう》のため、千種忠顕《ちくさただあき》を総大将とした先発隊を、南北六波羅探題《ろくはらたんだい》（鎌倉幕府が京都に置いた出先機関）を攻撃中の播磨国の赤松円心《あかまつえんしん》（則村《のりむら》）と合流させた。

このとき、先発隊に加わった児島高徳は、千種忠顕と作戦上で衝突し、別働隊を率いることになった。結局、千種忠顕は大敗、足利尊氏《あしかがたかうじ》勢らの京都総攻撃に遅れをとった高徳も戦功を挙げることなく備前児島へ戻ったのである。建武《けんむ》二年（一三三五）、高徳は備中《びっちゅう》国（岡山県）で起きた反乱の討伐《とうばつ》に向かうが、逆に三石《みついし》城（岡山県備前市）を奪われてしまう。

翌年、高徳は新田義貞《にったよしさだ》と足利方の赤松円心を攻撃するが大敗し、その後は義貞や宗良《むねよし》親王とともに北陸や東国を転戦、最終的に吉野の後村上《ごむらかみ》天皇のもとへ身を寄せた。その後の高徳の動向についてては、文和《ぶんな》元年（一三五二）に後村上天皇を奉じて上洛《じょうらく》を試みたとされるなど、諸説あるが、はっきりとしたことはわからない。

児島高徳に関しては、近代に入ってから、多くの歴史家によってその実在性が論じられてきた。その代表的なものについて、紹介することにしよう。

◇児島高徳の実在性

初めて児島高徳の実在性について論じたのは、東京帝国大学教授の重野安繹《しげのやすつぐ》である。重野は、明治二十三年（一八九〇）に発表した「児島高徳考」という論文で、その実在性を疑問視した。その主たる根拠は、高徳が文学作品の『太平記《たいへいき》』にしか登場しないからだった。加えて『太平記』には、荒唐無稽な記述が多々あり、歴史史料として信憑性《しんぴょうせい》に欠けるという点もあった。

これを受けて、同じく東京帝国大学教授の久米邦武《くめくにたけ》は、その翌年に「太平記は史学に益《えき》なし」と題する論文を発表した。その主旨は、やはり文学作品である『太平記』には種々誤謬《ごびゅう》があり、歴史史料として信憑性が低いとするものだった。久米はこの中で高徳について触れ、実在性が低いと指摘した（両論文は、松島栄一《まつしまえいいち》編『明治文学全集78 明治史論集(二)』筑摩書房に収録）。

明治四十三年（一九一〇）、東京帝国大学教授の田中義成《たなかよしなり》は「児島高徳」（『歴史地理』十五巻一号）で、高徳が実在したとの説を唱えた。これに続いて、八代国治《やしろくにじ》、沼田頼輔《ぬまたよりすけ》といった研究者も児島高徳実在説を支持したが、決定打となる史料があらわれなかったため、しばらく議論は進展しなかった。

昭和十三年（一九三八）になって、のちに岡山大学教授となる藤井駿《ふじいしゅん》が「児島高徳の一党たる今木・大富両氏について―高徳の実在論の一考察―」（『吉備《きび》地方史の研究』法藏館所収）という論文で児島高徳実在論を展開し、三好基之《みよしもとゆき》も同様の立場から高徳実在論を論じた。その手法は、『太平記』以外の史料を駆使し、状況証拠を固めたものであるが、信頼性が高いと評価され、高徳の実在性を有力なものとした。

児島高徳は有名な人物であり、かつ信頼度が落ちるとはいえ、裏付ける史料があったので、宇喜多氏の祖先と考えられたのであろう。貴種に祖先を求めるのとは若干ニュアンスは異なるが、英雄に求めるという点では、共通点を見出《みいだ》せる。岡山県では児島高徳の人気は高く、故地である院庄近くの作楽《さくら》神社は、高徳を祭るために創建された。

しかし、高徳自体の実在性はある程度有力になったとはいえ、宇喜多氏の祖先とするには裏付けとなる史料がまだまだ不足しており、問題が多いと感じられるのも事実だ。

◇出自にまつわる諸説の検討

これまで検討してきた中で、どの説に妥当性があるのか？　常識的に考えると、『宇喜多能

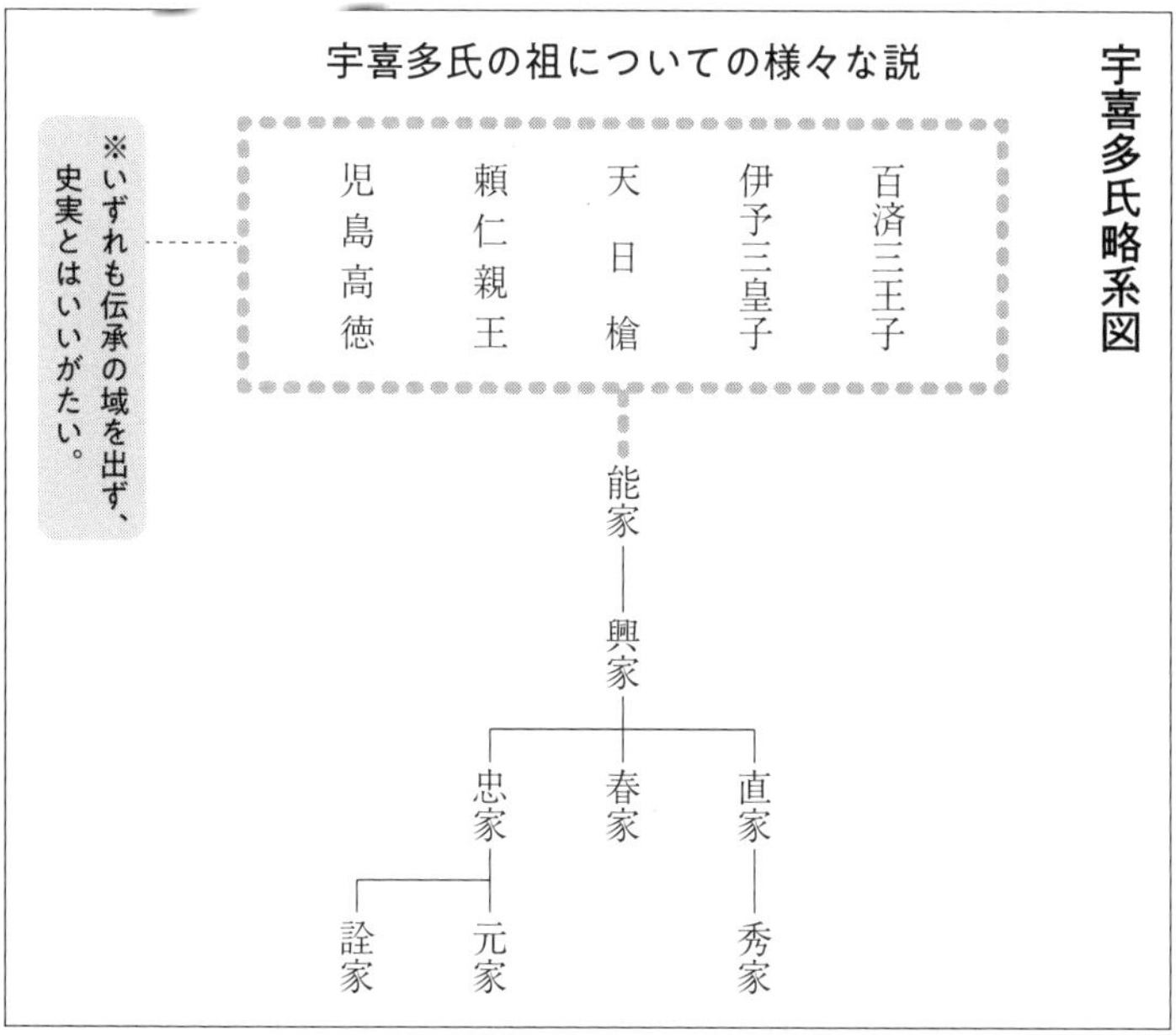

家寿像画賛』に基づくのがもっとも有力なのは先述のとおりである。何より、この『宇喜多能家寿像画賛』の作成に際しては、宇喜多能家から詳しい情報が九峰宗成に提供されたはずである。しかし、賛という史料は、必ずしも全面的に信頼を寄せうるものでなく、大きな制約がある。

当時の武将の賛は、宇喜多氏以外にも非常に多く伝わっており、史料としても貴重なものである。備前・美作・播磨の武将でいえば、赤松氏はもちろんのこと、浦上氏・別所氏・櫛橋《くしはし》氏・喜多野《きたの》氏等の画像賛が伝わっている。

ただし、執筆する僧は、本人から出自について聞き取りを行っただろうが、それを検証することはなかったに違いない。依頼する側も、自分にとって都合が悪い情報は渡さなかったはずである。

賛を書いた僧は、何がしかの謝礼を受け取ったので、出自はもちろんのこと、その事績についても悪いことは書かなかっただろう。『宇喜多能家寿像画賛』には、歯の浮くような美辞麗句が並びたてられている箇所もある。宇喜多氏に限らず、一般的に賛はそのような性格を持っていた。ということは、宇喜多氏が百済王を出自とする説も、宇喜多氏の自己申告によるもので、到底信じるわけにはいかないだろう。

百済王出自説以外の説についても、何らかの形で貴種に宇喜多氏の祖先を求めている点が共通点である。いずれも諸氏の系譜上にむりやり宇喜多氏を繋げたものが多く、かなりの無理が生じていることから、結論として宇喜多氏の出自は不明といわざるを得ない。とはいえ、少なくとも児島地域を出自とし、基盤としたことはたしかではないかと考えられる。

いずれにせよ、宇喜多氏が備前児島に拠《よ》った一族であることは、以後の宇喜多氏の性格を考える上で、重要な示唆《しさ》を与える。それは、宇喜多氏が海上交通に通じており、そこに経済的基盤を求めていた可能性があるということだ。無名の一土豪が発展を遂げるには、何らかの理由があったことは間違いないといえよう。

大内氏

朝鮮王族の血族を自称する西国の名門大名

◇鎌倉時代からの名門・大内氏

大内氏《おおうち》といえば、第十六代当主の義隆《よしたか》が有名である。大内氏は、平安時代末期から存在を確認できる名族であり、その先祖は、後述するとおり、百済聖明王《くだらせいめいおう》の第三皇子・琳聖太子《りんしょうたいし》であると称していた。鎌倉時代以降、大内氏は鎌倉幕府の御家人《ごけにん》となり、周防国《すおう》（山口県）を実質的に支配下に収めている。のちに、鎌倉幕府の京都の出先機関である六波羅探題《ろくはらたんだい》の評定衆《ひょうじょうしゅう》も務め、幕府から重用されていた。

大内氏は南北朝時代以降も、室町幕府から重んじられ、複数の守護《しゅご》を兼ねることとなる。十代目の大内義弘《よしひろ》の代には、周防・長門《ながと》（山口県）など六ヶ国の守護職を兼ね、逆に幕府から警戒されるほどだった。応永《おうえい》六年（一三九九）、義弘は室町幕府に対して叛旗《はんき》を翻《ひるがえ》したとされ、討伐《とうばつ》される（「応永の乱」）。義弘の死後、幕府はその弟・弘茂《ひろしげ》に周防・長門を安堵《あんど》した。ところが、弘茂は、応永八年（一四〇一）に留守を預かっていた兄の盛見《もりみ》に長門で敗死した。盛見自身も永享《えいきょう》三年（一四三一）に筑前深江《ちくぜんふかえ》（福岡県糸島市）で少弐《しょうに》氏と戦い、討死《うちじに》する。

不幸続きの大内氏だったが、家督《かとく》や守護職を継承し再び勢力を取り戻したのが、盛見の孫・政弘《まさひろ》だった。政弘は、応仁《おうにん》元年（一四六七）に勃発《ぼっぱつ》した「応仁・文明《ぶんめい》の乱」に、西軍の主要な守護の一人として参画した。一方で、政弘は和歌や連歌《れんが》に通じ、連歌師の宗祇《そうぎ》・兼載《けんさい》らと親交を結んで、『新撰菟玖波《つくば》集』の編纂《へんさん》を後援した。また、画家の雪舟《せっしゅう》を庇護《ひご》したことでも知られている。

政弘の息子が義興《よしおき》である。義興は、明応《めいおう》二年（一四九三）の「明応の政変」で、細川政元《ほそかわまさもと》に追われた室町幕府第十代将軍・足利義稙《あしかがよしたね》（義材《よしき》）を山口で庇護した。義稙が京都に復帰して以後は、管領代《かんれいだい》として幕府を支えている。細川氏とは遣明船《けんみんせん》の権利を争ったが、最終的に貿易を独占することになった。一方で、出雲尼子《いずもあまご》氏と死闘を繰り広げるが、享禄《きょうろく》元年（一五二八）に安芸《あき》（広島県）の陣中で没した。

義隆は義興の息子で、永正《えいしょう》四年（一五〇七）に誕生した。父の死後、大内氏の家督を受け継いだ義隆もまた、出雲尼子氏らと戦いを繰り広げた。天文《てんぶん》五年（一五三六）には、少弐資元《すけもと》を自害せしめ、大宰大弐《だざいのだいに》に任じられた。その後、敵対していた大友《おおとも》氏と和睦《わぼく》を結んだ。天文十年（一五四一）には尼子氏を打ち破るが、その二年後には逆に大敗を喫し、息子の晴持《はるもち》は乗っていた船が転覆して溺死《できし》する。以後も、義隆は失意の中で、安芸・備後《びんご》（広島県）、伊予《いよ》（愛媛県）

などに派兵し、反大内勢力を相手に戦い続けたのである。

◇大内氏と文化

義隆も、政弘をはじめとする大内氏の歴代当主と同じく、和歌について精進《しょうじん》を重ねた。父・義興は歌人として著名な飛鳥井雅俊《あすかいまさとし》と親交が深く、『古今《こきん》和歌集』の注釈書『古今秘訣《ひけつ》』を贈呈された。また、連歌師・宗碩《そうせき》からは、古今伝授《こきんでんじゅ》を授けられたといわれている。古今伝授とは、歌道伝授の一形式である。『古今和歌集』を講釈し、その注説の重要な部分を切紙《きりかみ》として示し、これに古注・証状・相承系図を付して伝授した。古今伝授は、誰もが受けられるわけではなく、義興は盛んに和歌会を開催し、和歌に熱心に取り組んでいたことから古今伝授を授けられたのである。

義隆がこうした父の影響を受けたことは、想像に難くない。実際、義隆は山口を訪れる公家や僧侶を歓待し、彼らから和歌を学んだ。とりわけ飛鳥井雅俊、三条西実隆《さんじょうにしさねたか》、堯淵《ぎょうえん》僧正から、和歌の指導を受けたことがわかっている。

大内文化の源といえるのが、大内氏館《おおうちしやかた》である。大内氏館は、山口市大殿大路《おおどのおおじ》に建てられた大内氏の居館（守護館）であり、大内館跡・築山《つきやま》館跡・高嶺《こうのみね》城跡・凌雲寺《りょううんじ》跡から構成される。現在は「大内氏遺跡　附《つけたり》　凌雲寺跡」として、国の史跡に指定されており、室町・戦国期の武家館の非常に貴重な遺跡として評価されている。

その後、義隆は徐々に家臣の陶晴賢《すえはるかた》との関係を悪化させていく。天文《てんぶん》二十年（一五五一）八月二十日、晴賢が厳島《いつくしま》（広島県廿日市市《はつかいちし》）に攻め込むと、同時に毛利元就《もうりもとなり》が安芸の銀山城《かなやま》（広島市安佐南区《あさみなみ》）を攻撃した。ともに大内氏の支配地域だったので、義隆は裏切られたのである。山口市中には、たちまち晴賢謀反《むほん》の噂《うわさ》が広がったが、義隆はこの動きに動じず、冷静さを崩さなかった。同年八月二十八日には、山口に晴賢の軍勢が近づいていたが、この状況になっても義隆は特段の対策を講じなかった。

大内氏の率いる兵卒は三千余だったが、そこから大幅に減ってしまったという。兵卒が危険を予測して、逃げ出したのだろう。八月二十九日、晴賢らの軍勢五千余が山口に雪崩《なだ》れ込んできたので、義隆は九州方面に逃亡した。途中で多くの味方が討ち死にする中、義隆は大津郡仙崎《せんざき》（山口県長門市）に到着し、ここから船で逃げようとしたが、暴風雨であきらめざるを得なかった。観念した義隆は大寧寺《たいねいじ》に入り、同寺で自刃《じじん》したのである。義隆の敗北の原因は、油断にあったといえよう。義隆の死により、事実上、大内氏は滅亡した。

◇大内氏と朝鮮の関係

大内氏の先祖に関しては、『大内多々良氏譜牒《たたらしふちょう》』という史料に詳しく書かれている。同史料によれば、大内氏の先祖は、冒頭に書いたとおり百済国王・聖明王の第三皇子・琳聖太子であるという。推古《すいこ》天皇の十九年（六一一）、周防国多々良浜（山口県防府《ほうふ》市）にやって来た琳聖太子は、その後摂津《せっつ》国荒陵《あらはか》（大阪市天王寺《てんのうじ》区）に向かい、聖徳太子《しょうとくたいし》に謁見《えっけん》した。聖徳太子との謁見後、琳聖太子は周防国に大内県《あがた》を与えられ、同時に多々良の姓を授けられた。こうして琳聖太子は周防国に下向《げこう》し、本拠としたという。

これが事実ならば大変な話であるが、そのまま鵜呑《うの》みにすることはできない。その点をもう少し詳しく考えてみよう。

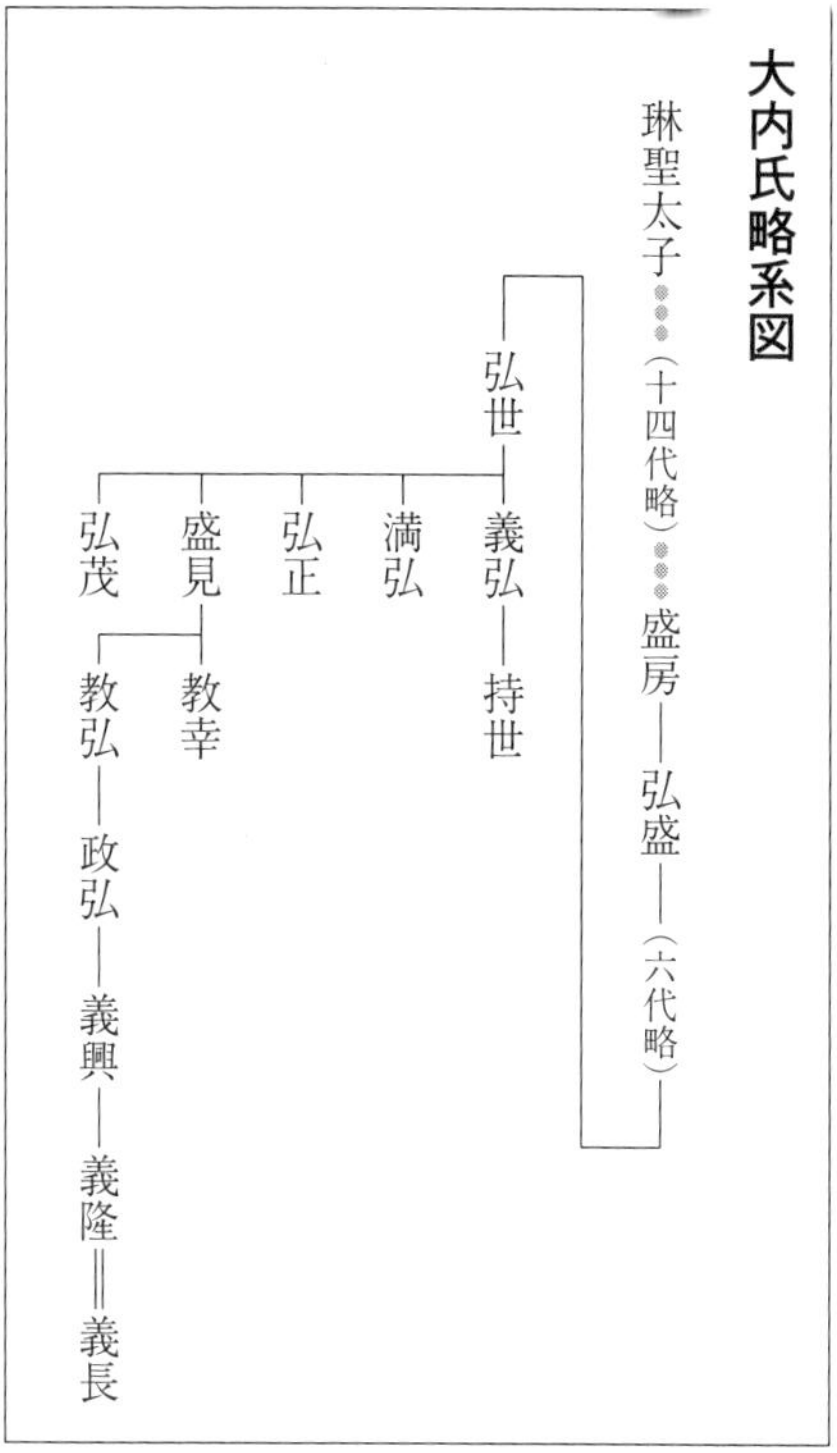

応永六年（一三九九）、大内義弘は朝鮮に使者を送り、大内氏の系譜に関する具書《ぐしょ》（証拠となる書類）を根拠として、朝鮮内に所領を与えてほしいと依頼した。大内氏は出自が朝鮮に求められるので、所領を与えてほしいと要望したのである。その書状には、

大内氏の先祖が百済国の始祖・高氏《こう》であり、難を避けて日本に渡った旨が記されていた。義弘自身も高義弘と名乗ったのだから、念が入っている。

五年後の応永十一年（一四〇四）、義弘の弟・盛見が興隆寺《こうりゅうじ》（山口市）に書状を送り、推古朝に興隆寺を創建したのは琳聖太子であると述べている。その後、政弘の代に至ると、先祖の話がさらに詳しくなっていった。

推古天皇の十七年（六〇九）、下松浦《しもまつうら》（山口県下松市《くだまつ》）に北辰星《ほくしんせい》（北極星）があらわれたので、妙見社《みょうけんしゃ》が造営された。その二年後、琳聖太子が日本に渡来した。太子は、夢のお告げによって、聖徳太子に謁見するため日本にやって来たという。多々良浜に琳聖太子が着いて以降の話は、すでに述べたものと同じである。妙見社は下松浦に創建されたが、その後は移動を繰り返し、琳聖太子の五代の孫・茂村《しげむら》の代に至って、大内県氷上山《ひかみさん》（山口市）に遷《うつ》されたのである。

義弘の代の時点では、大内氏の先祖が百済国の始祖・高氏であるという伝承のレベルでしか伝わっていなかった。かえって、百済国にその由緒を質問するようなありさまだった。しかし、時代の変遷とともに先祖が百済国王・聖明王の第三子・琳聖太子であること、推古天皇の十九年に聖徳太子に謁見するために来たなど、情報が精緻《せいち》になった。妙見社の創建についても、同じことがいえるだろう。

つまり、大内氏の先祖を百済国に求めるという説は当初は漠然としていたものだったのが、代を経るうちに徐々に脚色が積み重ねられたといえるわけで、にわかに信が置けないということになろう。

◇多々良氏についての考察

大内氏の先祖についてカギを握るのは、その本姓である多々良氏であろう。この点について、平安初期に成立した『新撰姓氏録《しんせんしょうじろく》』をもとにして考えてみよう。同書は京都・畿内の氏族について、神別《しんべつ》（神々の子孫）、皇別《こうべつ》（天皇家の子孫）、諸蕃《しょばん》（帰化人の子孫）に分類し、解説したものである。

このうち山城国《やましろ》（京都府）の諸蕃として、任那《みまな》の条に「多々良公」を挙げている。その注には、多々良公は御間名《みまな》（任那）国主・爾利久牟《にりくむ》の後裔《こうえい》で、欽明《きんめい》天皇の時代に日本に帰化した際、黄金でできた多々利《たたり》（方形の台）と乎居《こきょ》（桶）を欽明天皇に献上したので、多々良の姓を授けられた、とある。むろん、この多々良公は山城に住んでおり、先祖も任那に住していたので、大内氏とは直接の関係はない。とはいえ、大内氏の先祖を考えるうえで、参考になる情報である。

平安時代中期に作成された『和名類聚抄《わみょうるいじゅしょう》』という辞書には、平安時代の郷名《ごう》が書かれている。同書によると、周防国には「達良郷《たたら》」という郷名を確認できる。現在の防府市国衙《こくが》には、多々良山などがあるので、多々良氏と何らかの関係があるのではないかと指摘されている。防府市国衙の近くには、六世紀頃に築かれた車塚という古墳があり、いつの頃からか社《やしろ》が設けられたという。それは、多々良宮と称された。応永二十一年（一四一四）、盛見は佐波《さわ》郡内の人夫を動員し、車塚付近で大規模な工事を開始した。車塚つまり多々良宮は、大内氏と関係が深かったことをうかがわせる。

そもそも「たたら」は漢字で「踏鞴」と書き、足踏み式の大きな「ふいご」のことを意味する。それは、精錬つまり製鉄のことであると考えられる。そこで考えられるのは、大内氏の先祖は先進的な精錬技術を持った朝鮮からの帰化人で、日本に来て多々良氏と称したのではないかということである。その優れた技術が評価され、地方政庁で登用されたと推測される。その本拠が先述した「達良郷」ではないかと指摘されている。

仁平《にんぺい》二年（一一五二）に発給された周防国在庁下文《くだしぶみ》には、署名した八名の在庁官人のうち、多々良氏が三名もあらわれる。この史料が多々良氏の初見であり、この頃すでに在庁官人だったことが判明する。多々良氏は在庁官人という地位を立脚点とし、やがて大きな勢力を持つようになったと推測される。

平安時代末期、多々良氏の当主は盛房《もりふさ》だった。盛房は「周防権介《すおうごんのすけ》」に任じられ、周防国の在庁官人の中で有力な存在となった。その後、盛房は「大内介」を自称するようになり、以降の多々良氏の歴代当主もこれにならった。しかし、安元《あんげん》三年（一一七七）六月の「鹿ケ谷《ししたに》の陰《いん》謀《ぼう》」（反平氏《へいし》のクーデター）によって、多々良氏一門は捕らえられ流罪となったのである（その後、許された）。

盛房の子・弘盛《ひろもり》は、「大内介」「周防権介」を名乗り、源頼朝《みなもとのよりとも》による平氏追討《ついとう》に大いに貢献した。源平合戦後、弘盛は在庁官人としての確固たる地位を築いた。鎌倉時代以降、大内一族は周防の国衙在庁を完全に支配下に置くことになり、実質的な周防の支配者となった。そして、鎌倉幕府御家人に加えられ、六波羅探題評定衆に任命された。こうして大内氏は、南北朝以降に周防等の守護に就任し、ますます威勢を伸長したのである。

結論としては、大内氏のルーツを朝鮮半島に求めることは十分に考えうることだが、百済の王族の末裔とまで言い切るには根拠が薄弱というのが妥当であろう。

浅井氏

「貴族の落胤」「平安から続く一族」の虚像と実像

◇京極氏家臣から戦国大名へ

長政《ながまさ》の代に織田信長《おだのぶなが》に滅ぼされたことで有名な浅井《あざい》氏の出自に関しては、公家の三条公綱《さんじょうきんつな》落胤《らくいん》説や物部守屋後胤《もののべのもりやこういん》説などが提示されている。これらの説については後述することとして、たしかにいえることは、浅井氏が近江《おうみ》国（滋賀県）京極《きょうごく》氏の被官人《ひかんにん》であり、浅井郡丁野郷《よおのごう》（滋賀県長浜市）を本拠としていたことである。

浅井氏の中興の祖は、三代目当主の亮政《すけまさ》である。大永《だいえい》三年（一五二三）に主家である京極氏の後継者問題がクローズアップされると、亮政は他の有力な土豪層と画策し、京極高清《たかきよ》の長男・高広《たかひろ》を推戴《すいたい》した。この頃から浅井氏は、有力な存在として勢力を伸長した。天文《てんぶん》三年（一五三四）、亮政は高清・高広父子を居城の小谷《おだに》城（滋賀県長浜市）に招くと、他の重臣らも加わり饗宴《きょうえん》を開いた。この饗宴が契機となり、亮政は京極氏を囲い込むことに成功し、権力を掌中に収めることとなった。

高清の死後、高広は亮政との関係を絶ち、同じ近江国の守護《しゅご》・六角《ろっかく》氏のもとに走った。以後、京極氏を支援する六角氏と亮政は交戦状態に入り、たびたび合戦に及ぶことになる。しかし、混乱の最中の天文十一年（一五四二）、亮政は小谷城で没した。

亮政の後継者は、子の久政《ひさまさ》である。久政は六角氏や京極高広との合戦に敗れるなど、あまり目立った活躍をしていない。

長政が久政の嫡男《ちゃくなん》として誕生したのは、天文十四年（一五四五）のことである。幼名《ようみょう》は猿夜《さるや》叉《しゃ》で、その後、六角義賢《よしかた》の名前の一字「賢」を与えられ、賢政《かたまさ》と名乗っていた。自身の妻に、義賢の被官人《ひかんにん》である平井《ひらい》定武《さだたけ》の娘を娶《めと》ったが、これは政略結婚であった。浅井氏の状況が不利だったため、婚姻《こんいん》を通じて和睦《わぼく》を結び、浅井氏と六角氏の紐帯《ちゅうたい》を強める必要があったのだ。被官人の娘との結婚であるところを見ると、長政は六角氏から一段低く見られていたのかもしれない。

永禄《えいろく》三年（一五六〇）、久政は家督《かとく》を子の長政に譲り、後見《こうけん》として長政を支えた。わずか十六歳で家督を継いだ長政は再び六角氏と対立、平井定武の娘と離縁し、名も賢政を改め、新九《しんく》郎《ろう》と名乗るようになった。

そして、家督相続と同じ年に「野良田《のらだ》の戦い」で六角義賢を破り、徐々に勢力基盤を広げることに成功した。永禄末年頃には、江北《こほく》三郡と称せられる伊香《いか》・浅井・坂田の三郡を中心に、その周辺にも勢威を及ぼした。

長政は六角氏との関係を断つ一方で、越前国《えちぜん》（福井県）の朝倉氏《あさくら》と友好関係を築いていたが、尾張国《おわり》（愛知県）の織田信長が勢力を伸張すると、信長の妹・お市《いち》を娶り、信長との同盟関係も構築した。婚姻の時期については諸説あるが、だいたい永禄十年（一五六七）から翌年にかけてといわれている。長政の「長」の一字は、信長から与えられたという。

こうして朝倉氏、織田氏と良好な関係を築いた長政だったが、やがて朝倉氏との関係を重視するようになった。元亀《げんき》元年（一五七〇）の「姉川《あねがわ》の戦い」において、長政は朝倉氏とともに信長に戦いを挑んで敗北した。その三年後、信長が小谷城を攻め落とすと、長政は城内で自害し、浅井氏は滅亡したのである。

◇「三条公綱落胤説」と「物部守屋後胤説」

浅井氏の出自に関しては、先に挙げたとおり、三条公綱落胤説と物部守屋後胤説の二つの説が知られている。

『続群書類従《ぞくぐんしょるいじゅう》』所収の「浅井系図」によると、浅井氏の始祖は三条公綱となっている。公綱以降は、重政、忠政、賢政、亮政、久政、長政と続く。なぜ公綱は、浅井氏の先祖になったのだろうか。公綱は、室町幕府第六代将軍・足利義教《あしかがよしのり》の側近でもあった公卿《くぎょう》・三条実雅《さねまさ》の長男であり、のちに内大臣《ないだいじん》にまで上り詰めた。『浅井三代記』、『浅井物語』には、次のとおり伝わっている。

嘉吉《かきつ》年間(一四四一~四四)、公綱は天皇から勅勘《ちょっかん》(天皇からのお咎《とが》め)を蒙《こうむ》り、当時、近江守護を務めていた京極氏のもとに預けられた。これは、一種の流罪である。公綱は浅井郡丁野郷に所領を持っており、やがて当地の娘と結ばれ、重政が誕生した。丁野郷は先述のとおり、浅井氏の本拠地である。その後、公綱は天皇の許しを得て帰洛《きらく》したが、重政は京極氏に仕えて、浅井を名字にした。これが浅井氏のルーツと伝わっている。

公家が地方に流され、現地の娘との間にもうけた子どもが、地方豪族の始祖になったとされる例は珍しくない。浅井氏もその例にならったといえよう。

宮島敬一《みやじまけいいち》氏によると、この説については『東浅井郡志』(第二巻)がすでに誤りであると指摘しているという。その主たる根拠は、三位《さんみ》以上の公家の職員録である『公卿補任《くぎょうぶにん》』のほか、『師郷記《もろさときき》』、『建内記《けんないき》』、『康富記《やすとみき》』といった公家日記である。その中で重要なのは、次の二点になろう。

①公綱が勅勘を蒙った事実はない。

②三条家の所領は丁野郷ではなく、坂田郡加田荘(滋賀県長浜市)である。

こうした事実から、浅井氏の三条公綱落胤説が成り立たないことが判明した。宮島氏が指摘するように、この説はよくある貴種流離譚《きしゅりゅうりたん》の一つに過ぎない。浅井氏が名家の出身であることを誇示すべく、後世に創作されたのだろう。そもそも『浅井三代記』、『浅井物語』は誤りが多く、史料的な価値が劣っていると指摘されている。

では、物部守屋後胤説はどうであろうか。『浅井三代記』によると、浅井氏の淵源をたどると敏達《びだつ》天皇の皇子・物部守屋であるという。のちに、守屋の末裔《まつえい》の藤原忠次《ふじわらのただつぐ》が武家となり、その子孫の俊政《としまさ》から亮政まで二十七代になると記すのだが、こちらも明確な根拠がなく、すでに『東浅井郡志』（第二巻）が否定した説である。

◇平安時代以降の浅井氏

『東浅井郡志』（第二巻）は、浅井氏が平安・鎌倉時代に存在したと指摘していた。次のとおりである。

①「浅井直馬養」「浅井磐稲」「浅井広志根」の名が、承平《じょうへい》元年（九三一）に成立した『竹生島《ちくぶじま》縁起《えんぎ》』に見える。

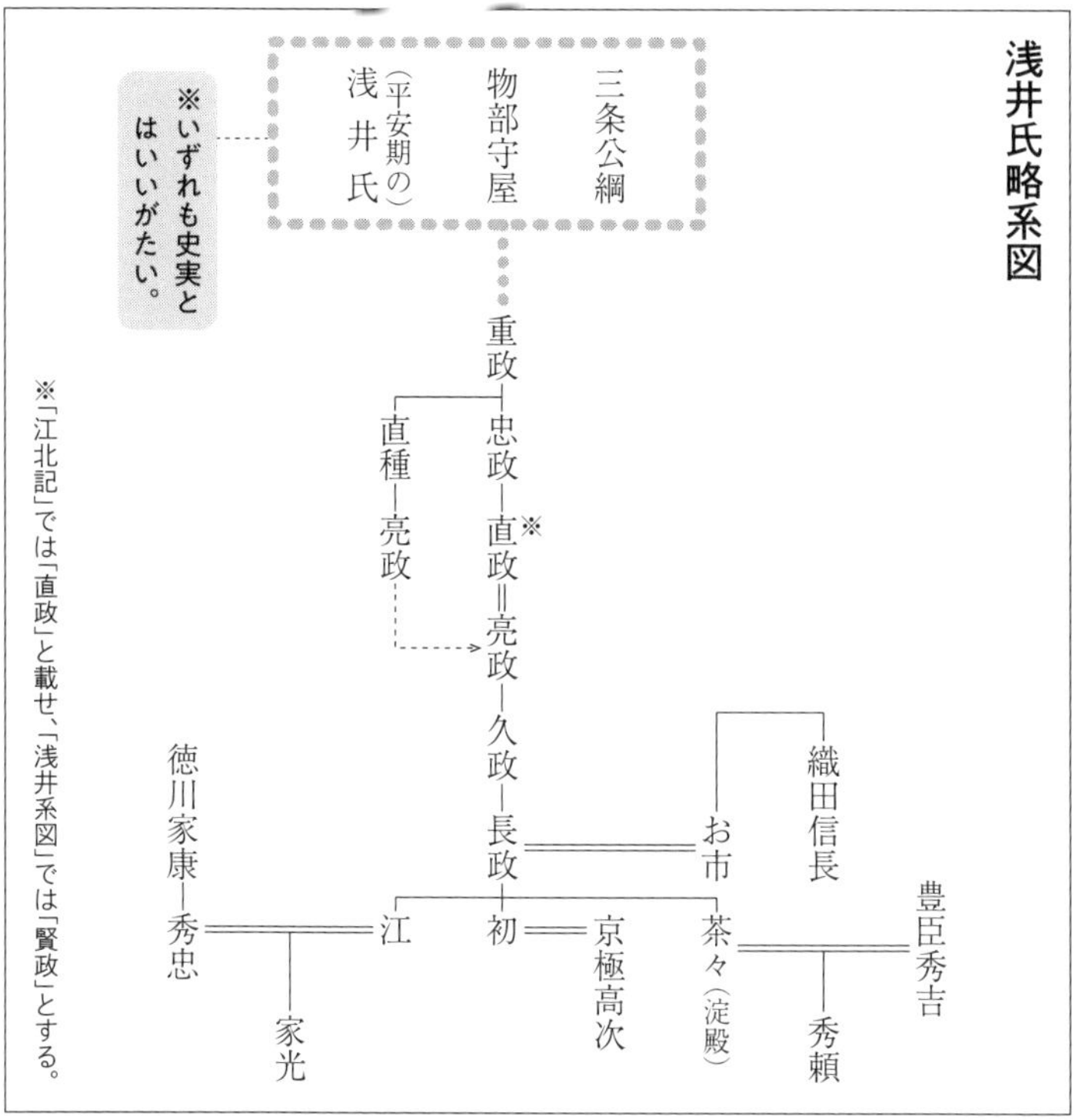

②「浅井氏敬白／建保《けんぽう》三年（一二一五）四月二十七日」の寄進銘が源昌寺《げんしょうじ》（滋賀県長浜市）の木造薬師《やくし》如来《にょらい》立像に見える。

③「寛喜《かんぎ》三年（一二三一）三月四日／（中略）／浅井氏／嫡男右馬允《うまのじょう》生江助／（中略）／結縁衆《けちえんしゅ》浅井東西伊香三郡氏人等」という梵鐘《ぼんしょう》銘が円満寺《えんまんじ》（滋賀県長浜市）に残る。

右の三点の史料から、平安・鎌倉時代に浅井氏が存在したことが証明されたので、

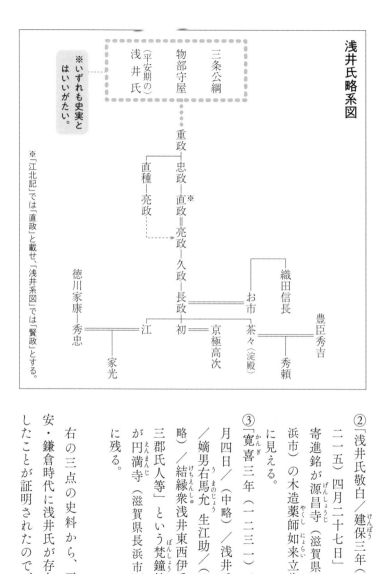

先述した嘉吉年間に浅井氏の名字が誕生したというのは誤りであり、浅井氏のルーツは平安時代からあると指摘したのである。ところが、そうした見解を批判したのが、先にも触れた宮島敬一氏である。氏は、浅井氏が平安・鎌倉時代に存在したのは事実としても、南北朝時代以降の史料にその名が見えないので、どこかの時点で没落したのではないかと指摘する。つまり、平安・鎌倉時代の浅井氏と戦国時代の浅井氏との連続性を示す証拠がないので、右に示した浅井氏をその先祖に位置付けることには否定的立場をとっているのである。

　次に浅井氏の名が登場するのは、文明《ぶんめい》十二、三年（一四八〇、八一）頃の『清水寺《きよみずでら》再興奉加帳』である。この史料には、浅井蔵人丞直種《くろうどのじょうなおたね》が柱一本と二十貫文《かんもん》を寄進したことが書かれている。この浅井直種とは、いかなる人物なのであろうか。そのカギを握るのが『江北記《ごうほくき》』という史料である。

『江北記』は天文七〜十一年（一五三八〜一五四二）の間に成立し、京極氏家臣の下坂《しもさか》氏が編《へん》纂《さん》したという。内容は、文明二年（一四七〇）から大永三年（一五二三）における、京極領内の紛争を主に記録したものである。後世に編纂された二次史料ではあるが、信頼度の高い史料と評価されている。『江北記』は、浅井氏を、もともとから京極氏に仕えていた根本《こんぽん》被官であるとする。

『江北記』によると、直種は浅井重政の庶子であり、浅井亮政の父とし、京極氏家臣の下坂氏の庶家の与一《よいち》なる者を婿《むこ》にしていたという。もう少し記事を詳しく確認しておこう。文明十四年（一四八二）に下坂荘（滋賀県長浜市）代官職が多賀宗直《たがむねなお》に与えられた。もともと下坂荘代官職は、下坂秀維《ひでつな》が保持していたので奪い返そうとしたが、それは実現しなかった。

そこで、秀維は直種の協力を得て、宗直の屋敷を攻めた。そのとき宗直は代官職を返すと約束したが、それは実行されなかったので、文明十八年（一四八六）四月の夜、秀維は宗直の私宅を焼き討《う》ちにしたというのである。

以後、浅井氏は京極氏のもとで各地を転戦した。明応《めいおう》五年（一四九六）の「船田《ふなだ》合戦」の後半戦となる「城田寺《きだいじ》城の戦い」には、浅井氏も出陣していた（『船田後記』）。「船田合戦」とは、美濃《みの》国（岐阜県）守護・土岐成頼《ときしげより》の後継者をめぐる、同国守護代・斎藤妙純《さいとうみょうじゅん》とその家臣の石丸《いしまる》利光《としみつ》・利高《としたか》との戦いである。争乱は美濃一国だけでなく、尾張、近江、越前、伊勢《いせ》（三重県）など広範な地域を巻き込んだ。浅井氏は、京極政高《まさたか》（のちの政経《まさつね》）に従って出陣した。

文亀《ぶんき》元年（一五〇二）六月、浅井氏は京極氏家臣の三田村《みたむら》氏とともに、京極材宗《きむね》を擁立《ようりつ》しようとした。当時、材宗は従兄弟《いとこ》の高清《たかきよ》との関係が悪化していた。しかし、浅井氏らは上坂家《こうざかいえ》信《のぶ》（京極高清の執政《しっせい》）と今浜（滋賀県長浜市）で戦い敗北した。この「船田合戦」、「今浜の戦い」に出陣した浅井氏が直種だったと指摘されている。

実は、直種と同時代には、直政《なおまさ》という人物が「竹生島文書《ちくぶしまもんじょ》」に登場する。『東浅井郡志』（第二巻）によると、浅井氏の惣領は直政が務めていたという。直政は、「浅井系図」における賢政の位置に該当する。しかし、直政には後継者たる男子がなく、庶家である直種の子（亮政）を娘婿として迎えた。こうして直政は、亮政を養子に迎えたので、家の存続が叶《かな》ったということになろう。

以後、浅井氏は京極氏に仕え、やがて亮政は家臣の中で頭角をあらわした。そして、先述のとおり主家の京極氏になりかわり、北近江に勢力基盤を築いたのである。

新免氏

公家の名門との関係を強調する典型的「貴種流離譚」

◇美作の国人・新免氏について

前項の浅井《あざい》氏もそうだったが、出自を「盛る」のによく語られるのが「貴種流離譚《きしゅりゅうりたん》」であり、美作国《みまさかのくに》（岡山県）の国人《こくじん》・新免《しんめん》氏もその一例として興味深いものである。新免氏は竹山《たけやま》城（岡山県美作市）主として知られているが、関係史料が乏しいため、戦国期における動向はさほどわかっていない。したがって、新免氏は戦国期の研究においても、これまで注目されることはなかった。

最初に、新免氏の家系について触れておくことにしよう。津山藩士の正木輝雄《まさきてるお》が編纂《へんさん》した『東作誌《とうさくし》』には新免氏の系図が記載されている。この新免氏の系図は正しいものなのか、以下、検討を加えることにしよう。

新免氏の系図によれば、新免家は徳大寺《とくだいじ》家（実孝《さねたか》）をその祖としている。徳大寺家は藤原《ふじわら》氏閑院《かんいん》流の一門で、公家最上位の五摂《ごせっ》家《け》に次ぐ家格である清華家《せいがけ》のひとつである。その家名は平安後期に藤原公実《きんざね》の五男・実能《さねよし》が京都衣笠《きぬがさ》の地に徳大寺を建立《こんりゅう》したことにちなんでいるという。徳大寺家が公家として一流の家系であったことは、否定しがたい事実である。

まず、徳大寺家と美作国とのつながりが、どのようにして生じたのか考えてみよう。「天文《てんぶん》二年十月廿日徳大寺家当知行目録《とうちぎょう》」という史料によると、徳大寺家領として「美作国粟井庄《あわいのしょう》」を確認することができる（「徳大寺家文書《もんじょ》」）。粟井庄は現在の美作市に所在した荘園《しょうえん》であり、新免氏の本拠・竹山城にも近い。粟井庄が徳大寺領であったことは、ほかの史料でも確認することができる。

たとえば、徳治《とくじ》三年（一三〇八）九月、醍醐《だいご》寺報恩院《ほうおんいん》が、美作国粟井庄下司分《げしぶん》をめぐって徳大寺実孝から横槍《よこやり》を入れられたことを訴えていた記録がある（「醍醐寺文書」）。また、『案文消息類』という史料には、広岡民部少輔祐貴《ひろおかみんぶのしょうすけたか》の粟井庄押領を停止《ちょうじ》するよう、院宣《いんぜん》が出されたことが徳大寺実淳《さねあつ》に伝えられている。広岡氏は、美作国の守護代《しゅごだい》を務めていた。

以上の点から、少なくとも十四世紀初頭（鎌倉末期）から十六世紀初頭（戦国期）頃にかけて、粟井庄が徳大寺領であったことがわかる。

◇徳大寺家と新免氏の関係

徳大寺家と美作国には、関係があることが判明した。では、徳大寺家と新免氏との関係は、どのようにして結ばれたのだろうか。その点に関しては、『新免家古書写』という史料に書かれている。

『新免家古書写』は、もともと新免氏の子孫と思《おぼ》しき、美作国吉野郡川上村の新免喜左衛門《きざえもん》が所蔵しており、これを文化《ぶんか》十年（一八一三）に『東作誌』の編纂者である正木輝雄が筆写したものである。同史料は明治三十年（一八九七）に謄写《とうしゃ》され、現在は東京大学史料編纂所に謄写本が所蔵されている。当時、史料調査の中で見出《みいだ》されたものである。

『新免家古書写』の内容は、新免氏の系譜を記載するとともに、新免氏歴代の事績を記録した史料である。その記述は具体性に富んでおり、『大日本史料』などにも採用されているので、正しい史実が反映されていると考えられがちである。以下、『新免家古書写』を用いながら、新免氏の来歴をたどることにしよう。

『新免家古書写』によれば、新免氏の祖となる徳大寺実孝は、建武《けんむ》年間（一三三四〜三六）に後醍醐《ごだいご》天皇の勅定《ちょくじょう》により左遷《させん》されたという。美作国に配流された実孝は、所領である粟井庄に御所を築いた。実孝は同地において、菅原《すがわら》家の末裔《まつえい》とされる有元佐高《ありもとすけたか》の娘を娶《めと》り、一子をもうけ、貞和《じょうわ》三年（一三四七）三月八日に五十六歳で亡くなったと記されている。

実孝の没後、後継者となったのが、子の則重《のりしげ》という人物であり、彼の代から「新免」姓を名乗ることになる。『新免家古書写』によると、則重は室町幕府第二代将軍・足利義詮《あしかがよしあきら》から粟井庄以下、三つの荘園を与えられたと書かれている。しかし、それらを裏付ける史料は、今のところ存在しない。また、「新免」姓は勅免《ちょくめん》ののち上洛《じょうらく》し、崇光《すこう》上皇から与えられたと記されている。粟井庄には新免村が存在したので、それを姓としたのだろう。

則重の没年は、応永《おうえい》二十七年（一四二〇）八月二十一日である。当時としては、高齢の部類に入る八十六歳という没年齢だった。一説によると、応仁《おうにん》元年（一四六七）に勃発《ぼっぱつ》した「応仁・文明《ぶんめい》の乱」で七条少将則重なる人物が討死《うちじに》しており、同一人物ではないかともされるが、則重の生年を考慮すれば、とても整合性が取れない。

◇疑問が多い新免氏の家系

ここまで『新免家古書写』によって、新免氏の家系について述べてきたが、以上の記述には多くの疑問点が存在する。その点を順に確認しておこう。

まず、『新免家古書写』における、実孝の説明そのものが誤っている点を指摘しておきたい。実孝は永仁《えいにん》元年（一二九三）に、徳大寺公孝《きんたか》の子として誕生した。没したのは、元亨《げんこう》二年（一三二二）一月十七日のことである（『尊卑分脈《そんぴぶんみゃく》』、『公卿補任《くぎょうぶにん》』、『花園《はなぞの》天皇宸記《しんき》』）。この事実は信頼できる複数の一次史料に基づくものであり、間違いない。つまり、実孝の没年だけで二十五年もの相違がある。

では、実孝が美作国に配流されたという記述に関しては、いかがなものか。『公卿補任』に現れる実孝の尻付記事《しづけ》（動向を示す記事）を確認しても、配流の記載が見当たらない。通常、実孝クラスになると、配流されれば『公卿補任』の尻付記事に記載があるはずだ。また、ほかの公家日記などにも、実孝が配流されたという記事は確認できない。したがって、実孝が美作国に流されたという事実は、裏付けが困難であるというよりも、誤りである可能性が非常に高い。

『新免家古書写』に記された実孝の没年が誤っているのは疑いなく、美作国に配流されたという記述も非常に疑わしい。実際に諸記録を確認すると、実孝は『新免家古書写』に配流された時期に、朝廷に奉仕していることが明らかである。要するに、実孝が美作国に配流されたということは、疑わしいというよりも、間違いであると断言できる。また、新免氏程度の国人が姓を崇光上皇から与えられたなどという事実は、根拠となる史料がないだけでなく、もはや荒唐《こうとう》無稽《むけい》といわざるを得ないだろう。

したがって、先に紹介した『新免家古書写』の実孝に関する記載は、おおむね誤っており、まったく信用できないのである。

要するに、新免家と徳大寺家と血縁関係があったということ自体が、否定されねばならないのである。実際、こうした貴種配流に伴い、現地の武士の娘と婚姻《こんいん》したという話は、ほかにも多く類例が見られることである。

まとめておくと、美作国粟井庄が徳大寺家領であったことは事実としても、実孝が粟井庄に流され、現地の武士・有元氏の娘を娶ったという話は、創作としかいいようがない。おそらく『新免家古書写』の作者は、粟井庄が徳大寺家領であったことを知っており、粟井庄新免村と新免氏とを関連付けて、系譜を捏造《ねつぞう》したものと思われる。

第2章　名家の姓を「乗っ取った」大名たち

上杉氏

謙信の生涯でたどる、家臣が主家の姓を名乗る過程

◇複雑な上杉氏の家系

「越後《えちご》の虎」として恐れられ、武田信玄《たけだしんげん》などの有力大名と数多くの名勝負を繰り広げた戦国有数の武将・上杉謙信《うえすぎけんしん》。彼の前半生を簡単に記すと以下のとおりになるだろう。

「享禄《きょうろく》三年（一五三〇）、越後守護代《しゅごだい》・長尾為景《ながおためかげ》の子として誕生。母は側室で、青岩院《せいがんいん》という名である。謙信の幼名《ようみょう》は虎千代《とらちよ》であったが、元服《げんぷく》以後は景虎《かげとら》、政虎《まさとら》、輝虎《てるとら》と名を変えた。天文《てんぶん》十七年（一五四八）、謙信は実兄・晴景《はるかげ》を退け、春日山《かすがやま》城に入城。正式に長尾家の家督《かとく》を相続する。永禄《えいろく》四年（一五六一）、関東管領《かんとうかんれい》・上杉憲政《のりまさ》より上杉姓が与えられた」

ここに書いたように、謙信が、もともとは「長尾」姓出身の長尾景虎だったことを知る人は多いだろう。しかし、上杉氏や長尾氏がいかなる出自を持つかについては、案外ご存じない方がいるかもしれない。本項では両氏の出自について検証しつつ、謙信がいかにして上杉姓を名乗るに至ったかを見ていくこととしたい。

まず最初に取り上げるのは上杉氏である。

上杉氏の歴史は実に複雑である。もともと上杉氏は藤原《ふじわら》氏の庶流である勧修寺高藤《かじゅうじたかふじ》の流れを汲《く》み、丹波《たんば》国何鹿《いかるが》郡上杉荘《うえすぎのしょう》（京都府綾部《あやべ》市上杉町）を本貫《ほんがん》の地とする。その基盤は、今の関西にあったわけだ。十三世紀半ば頃に上杉重房《しげふさ》が鎌倉に下り、その娘を足利頼氏《あしかがよりうじ》に嫁がせた。足利頼氏は鎌倉幕府の御家人《ごけにん》で、のちに室町幕府を創設する足利尊氏《たかうじ》の曽祖父《そうそふ》にあたる人物である。重房の子息・頼重《よりしげ》の娘である清子《きよこ》も頼氏の孫・足利貞氏《さだうじ》の妻となり、尊氏・直義《ただよし》兄弟を産んだ。こうして上杉氏は、名族の足利氏と姻戚《いんせき》関係を築き、以後に台頭する土台を築き上げたのである。

十四世紀初頭になると、後醍醐《ごだいご》天皇を中心にして、打倒・鎌倉幕府の機運が盛り上がってくる。元弘《げんこう》三年（一三三三）、後醍醐は足利尊氏（当時は高氏）、新田義貞《にったよしさだ》らの助力を得て、ついに鎌倉幕府を滅亡に追い込んだ。こうして建武《けんむ》政権が樹立する。尊氏は、後醍醐の信任が厚かった。「高氏」を「尊氏」に改めたのも、後醍醐の諱《いみな》「尊治《たかはる》」から「尊」の字を与えられたからである。ところが、新政権の運営は支持を集めることができず、ついに瓦解《がかい》する。日本は再び内乱状態に陥り、結果的に勝利したのが尊氏だった。その尊氏が京都に設けたのが室町幕府である。

上杉氏略系図

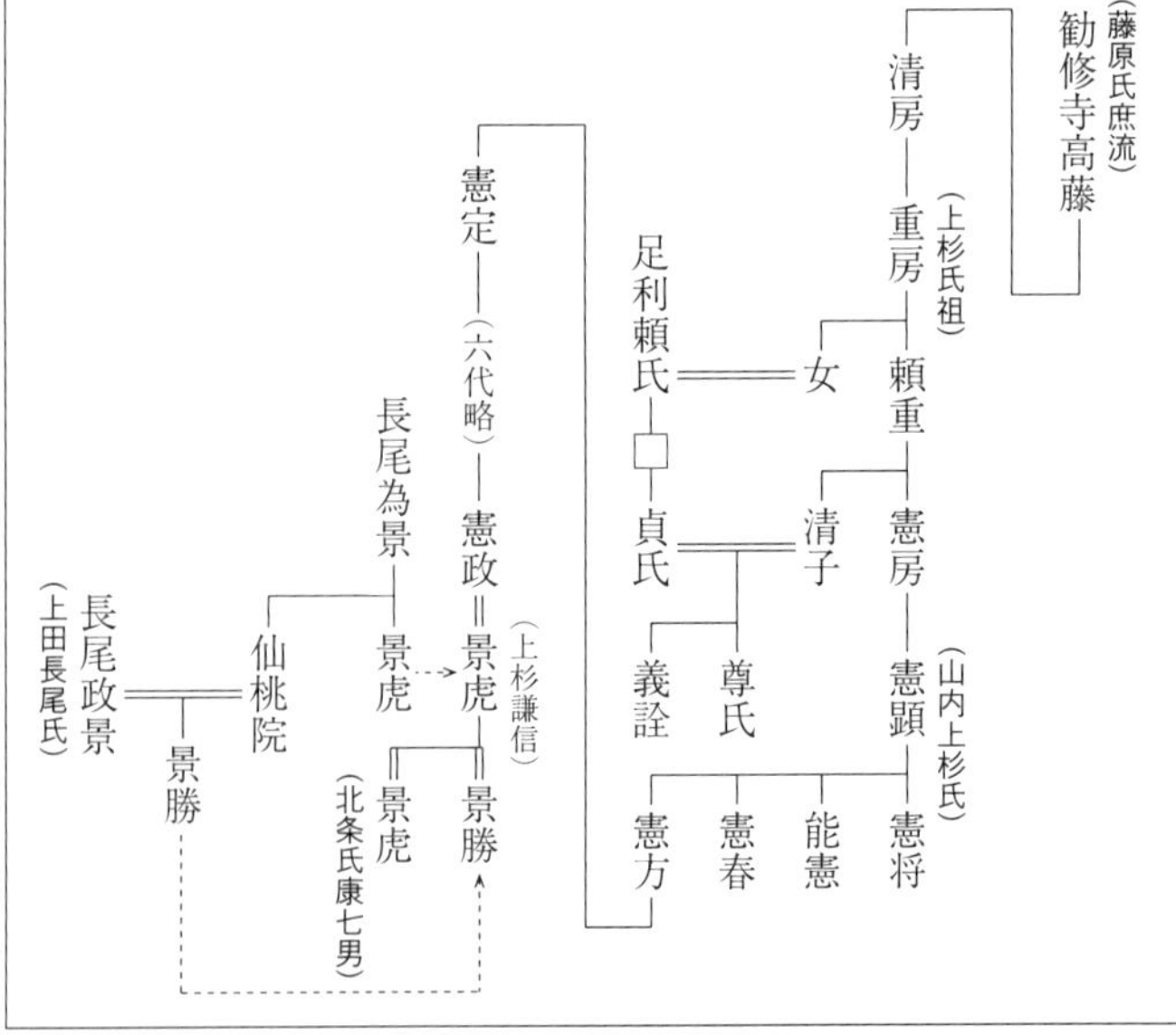

一方で、尊氏は関東における抑えを必要とした。関東には多士済々の有力な武将が数多く存在し、彼らを統率する必要がある。尊氏は子息・義詮《よしあきら》（のちに第二代将軍に就任）を鎌倉に置き、関東八ヵ国（相模《さがみ》・武蔵《むさし》・上野《こうずけ》・下野《しもつけ》・上総《かずさ》・下《しも》総《うさ》・安房《あわ》・常陸《ひたち》）に伊豆《いず》・甲斐《かい》を加えた十ヵ国の支配を委ねた。これが、鎌倉府の原型である。鎌倉府は、支配下の武士に対する軍事統率権や土地安堵《あんど》権を持ち、また寺社の住持職の推挙権や補任《ぶにん》権を持つなど、大きな権力を保持した。いうなれば「東の室町幕府」である。

延文《えんぶん》三年（一三五八）四月に尊氏が亡くなると、征夷大将軍の職は義詮が引き継いだ。遡《さかのぼ》ること九年前の貞和《じょうわ》五年（一

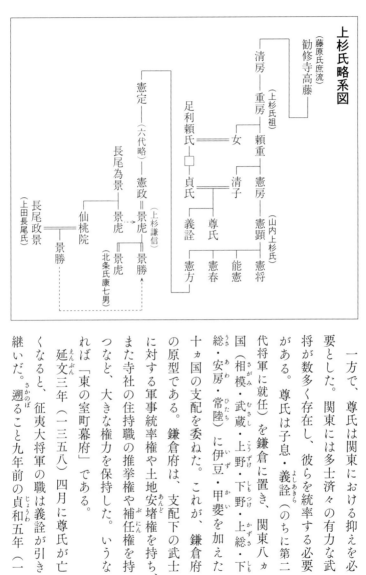

三四九）、義詮の後継として鎌倉府に下ったのが、尊氏の四男・基氏《もとうじ》である。この基氏こそが、初代の鎌倉府の長、すなわち鎌倉公方《くぼう》である。こうして基氏は鎌倉府の運営に腐心するが、途中で執事《しつじ》の畠山国清《はたけやまくにきよ》と対立し、これを討伐《とうばつ》するなど、必ずしも支配が安定したわけではない。貞治《じょうじ》二年（一三六三）、基氏は越後から、上杉頼重の孫で足利尊氏の従兄弟《いとこ》にあたる上杉憲顕《のりあき》を鎌倉に招き、関東管領の地位を与えた。関東管領とは、鎌倉公方の補佐役である。

憲顕は鎌倉の山ノ内に住んだので、山内《やまのうち》上杉氏と称された。実は上杉氏には庶流があり、それぞれが鎌倉に居を定めた地名を冠して、扇谷《おうぎがやつ》上杉氏、宅間《たくま》上杉氏、犬懸《いぬがけ》上杉氏と称している。ただ、上杉氏の宗家《そうけ》として、関東管領職を世襲したのは、山内上杉氏であった。将軍を補佐する立場にあった山内上杉氏は、大きな権力を持っていたのである。しかし、「上杉禅秀《ぜんしゅう》の乱」（応永《おうえい》二十三年〈一四一六〉）、「享徳《きょうとく》の乱」（享徳三年〈一四五四〉）など関東で大乱が起こると、扇谷上杉氏、犬懸上杉氏と抗争を繰り広げることとなり、徐々に山内上杉氏の勢力は衰退していく。

◇越後守護代・長尾氏とは

次に、謙信がもともとの出自とする長尾氏について見ていくことにしよう。

長尾氏の出自は、桓武《かんむ》天皇の曽孫《そうそん》・高望王《たかもちおう》の子息・良兼《よしかね》をその祖とするという。鎌倉郡村岡

（神奈川県藤沢市）に居を構えたので、最初は村岡を姓としていた。良兼の曽孫・致経《むねつね》は、伯《お》父《じ》・致成《むねなり》の子息・景正《かげまさ》（のちの忠通《ただみち》）を養子として迎えた。忠通は相模国鎌倉郡長尾郷《ごう》（横浜市戸塚区・栄区）に移住し、五人の子をもうけた。五人の子はそれぞれ一家をなし、三浦、大《おお》庭《ば》、長尾、梶原《かじわら》、鎌倉を姓とした。五つの家は、いずれも関東では名門の武士として成長した。そして、ここにある長尾氏の実質的な祖が、景正の三男・景村《かげむら》である。

建長《けんちょう》四年（一二五二）に後嵯峨《ごさが》天皇の皇子・宗尊《むねたか》親王が鎌倉幕府六代将軍（宮《みや》将軍）として鎌倉に下向《げこう》した際、長尾景熙《かげひろ》なる人物が、先述した上杉重房に付き従ったという記録がある。重房らは、宗尊親王を護衛していた。この頃から、長尾氏が上杉氏の配下にあったのは確実である。

景村から五代下った景為《かげため》の子にあたる景忠《かげただ》は関東管領・上杉憲顕の重臣として活躍、関東長尾氏の祖となる。（なお、景為に至る系譜は諸説あり、いまだ定説があるわけではない）景忠の弟（一族とも）で景忠の養子に入った景恒《かげつね》（景廉《かげかど》）が越後守護代職を務めることとなるが、これが越後長尾氏の始まりである。長尾氏は景忠の子息・孫が、それぞれ鎌倉・足利長尾氏、白井《しらい》長尾氏、総社《そうじゃ》長尾氏に分流したので、家系は実に複雑であった。

貞治《じょうじ》五年（一三六六）、景恒の子息・高景《たかかげ》が守護代に補任された。以後、邦景《くにかげ》—頼景《よりかげ》—重景《しげかげ》—能景《よしかげ》と、越後国守護代は代々長尾氏が世襲することになった。守護代は守護の代官として、

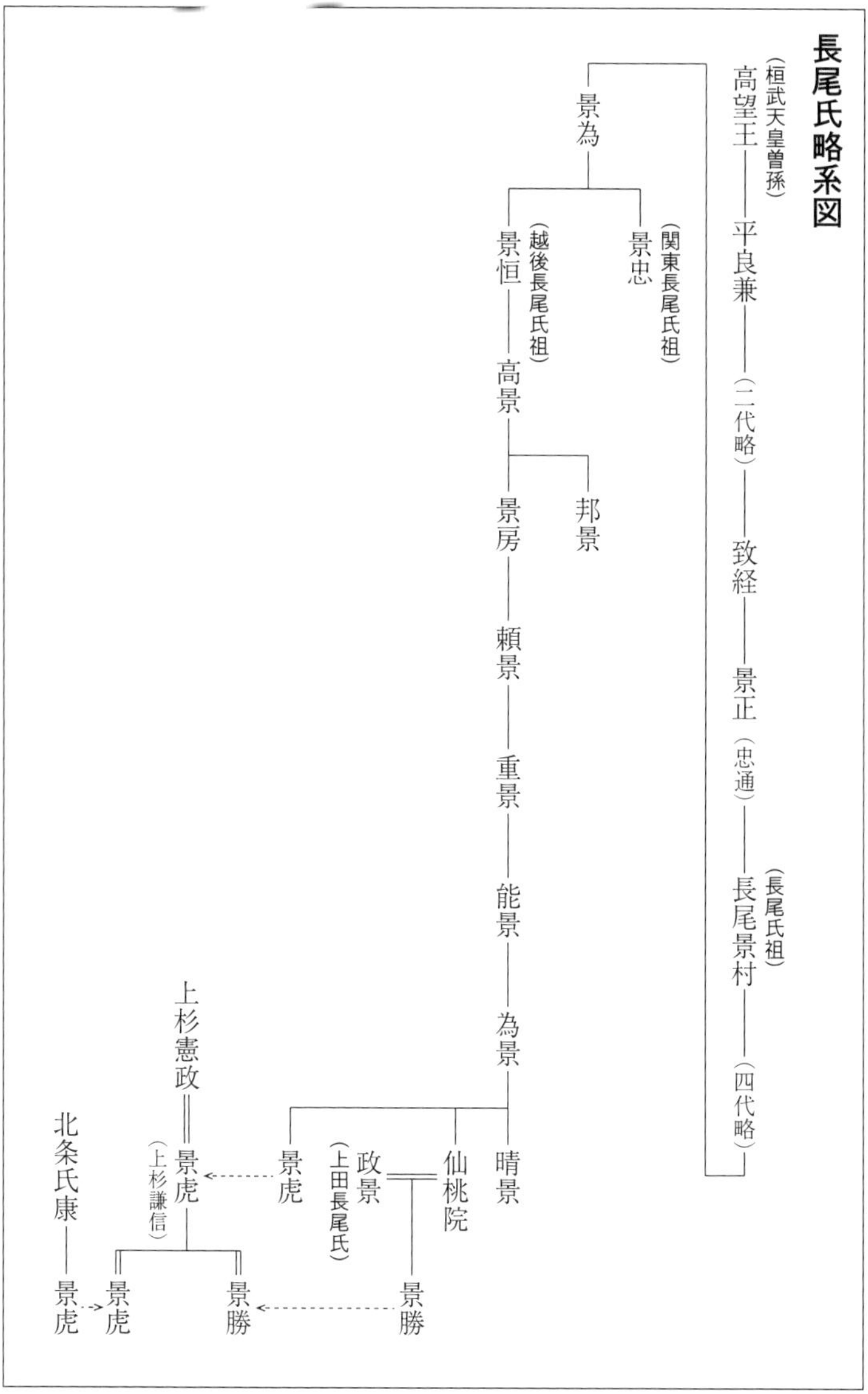
高望王
（桓武天皇曽孫）
平良兼
（二代略）
致経
景正
（忠通）
長尾景村
（長尾氏祖）
（四代略）
景為
景忠
（関東長尾氏祖）
景恒
（越後長尾氏祖）
高景
邦景
景房
頼景
重景
能景
為景
晴景
仙桃院
政景
（上田長尾氏）
景虎
上杉憲政
景虎
（上杉謙信）
北条氏康
景虎
景虎
景勝
景勝
長尾氏略系図

支配を展開する役割を担うナンバー2であるから、長尾氏は越後国で確固たる地位を獲得したことになる。そして、能景の子息・為景が謙信の父であり、のちに大事件を引き起こすことになる。

◇謙信の父・長尾為景

為景は能景の子として誕生したが、生年は不詳である。永正《えいしょう》三年(一五〇六)、父の能景が越中国で勃発《ぼっぱつ》した一向一揆《いっこういっき》を鎮圧する際に戦死すると、為景はその後継者として長尾家の家督を継承した。能景が亡くなった原因は、越中国守護代である神保慶宗《じんぼうよしむね》が途中で裏切ったからだといわれている。この事実は、のちに大きな禍根を残した。また為景は、越後国守護で主君でもある上杉房能《ふさよし》との関係が良好ではなく、徐々に対立を深めることになった。それは、大きな争乱へと発展する。

永正四年(一五〇七)、為景は房能を打ち破り自殺に追い込むと、代わりに房能の養子である定実《さだざね》を後継者に据え、自らは守護代職に就いた。定実は、上条《じょうじょう》上杉氏の房実《ふさざね》の実子である。上条上杉氏は、現在の新潟県柏崎《かしわざき》市にある上条城を本拠とした、上杉氏の支族である。定実の越後国守護職継承は、室町幕府から認められた。しかし、房能の兄で関東管領を務める上杉顕定《あきさだ》は、為景の暴挙を許さなかった。永正六年(一五〇九)以降から二人は戦い、一時は為景が越中国に逃亡することもあった。ところが、翌年になると為景は勢いを取り戻し、南魚沼郡《みなみうおぬまぐん》長森原《ながもりはら》（新潟県南魚沼市）で顕定を自刃《じじん》に追い込んだ。これが「永正の乱」である。

　ちなみに、晴景が為景の子として誕生したのは、為景と上杉顕定の争いがはじまった永正六年のことである。

　こうして、為景は独自の権力を築くこととなり、やがて定実とも対立する。為景は、敵対する定実方の守護直臣《じきしん》や国人《こくじん》らと激しい戦いを繰り広げた。永正十一年（一五一四）になり、為景はついに定実に与《くみ》する勢力を一掃し、越後国の支配に成功した。守護代という地位に変わりはなかったが、実質的には一国の主になったのである。いわば実力により、支配権をもぎ取ったといえよう。ところが、定実はこれで長尾氏に屈したのではなく、隠然たる勢力を保ち続けることになる。

　以後、為景の勢力はとどまることなく、能登《のと》（石川県）、越中の守護を務めた畠山氏と関係を結ぶと、永正十七年（一五二〇）、父の仇《かたき》である神保慶宗の討伐《とうばつ》に成功した。大永《だいえい》元年（一五二一）になると、越中国守護の畠山尚順《ひさのぶ》から新川《にいかわ》郡の守護代の地位を与えられ、さらに勢力範囲を広げた。関東に覇《は》を築いていた北条《ほうじょう》氏らとも連絡を取り合っている。為景の実力は、北陸を中心に広がりつつあった。

　為景は定実を凌《しの》ぐ勢力は持っていたが、あくまで守護代でしかなかった。家格の上では、主家である上杉氏を超えることができなかったのである。そこで享禄《きょうろく》元年（一五二八）十二月十二日、為景は時の将軍・足利義晴《よしはる》に申請し、白傘袋《しろかさぶくろ》・毛氈鞍覆《もうせんくらおおい》の格式を許可されている（「上杉家文書《もんじょ》」）。二つの使用は、守護または御供衆《おともしゅう》にしか許されていなかったので、為景は格式の上で、守護と同格と認められたのである。権威を身にまとうことにより、家格の低さをカバーしようとしたのだ。

もう一つ重要なのは、同時に為景の子息が足利義晴から「晴」の字を与えられ、晴景と名乗ったことである。将軍から一字を与えられることは、大変な栄誉であった。こうして、長尾氏が越後国を支配する正当性が将軍から付与されたのである。これら一連の行動には、為景に反発する国人衆を牽制《けんせい》する狙いがあった。むろん、その手続きにはそれなりの金品を用意する必要があり、為景がそれらを負担するだけの経済力があったことが裏付けられよう。

とはいえ、これにより為景の越後における実効支配が確実なものになったわけではない。あくまで、権威を身に付けたに過ぎなかったといえよう。取り急ぎ為景に必要だったのは、現実の支配を裏付ける幕府との繋《つな》がりであった。

ところで、為景には、もう一人子どもがいた。長尾景虎、のちの上杉謙信である。謙信が誕生したのは、享禄三年（一五三〇）一月のことであり、晴景より二十一歳も年下である。しかも、晴景の母が正室であるのに対し、謙信の母は側室であった。謙信は次男であり、加えて母が側室という、生まれながらにして大きなハンディキャップを背負っていたといえる。幼少時の謙信は、春日山城下の林泉寺《りんせんじ》（上杉氏の菩提寺《ぼだいじ》）に入寺していたという。普通なら、謙信は一生を僧侶として送ることになるはずだが、ご存じのようにそうはならなかった。

さて、先述のとおり、為景は自らがあたかも守護のごとく振る舞っていたが、その先行きに暗雲が立ち込めることになる。謙信が生まれて九ヵ月後の享禄三年（一五三〇）十月、上杉定実の弟（異説あり）である上条上杉家の定憲《さだのり》が挙兵し、為景討伐に動いたのである。いわゆる「越後享禄・天文の乱」の始まりである。驚いた為景は阿賀北衆《あがきたしゅう》の国人を味方につけ、翌年には何とか定憲の動きを封じることに成功した。反為景派の思いがけない反撃であった。

一時、小康状態を保ったものの、定憲は天文二年（一五三三）に再度為景を討伐するために挙兵している。このときの定憲の挙兵は、準備が万端整ったものであった。定憲は長尾房長《ふさなが》や阿賀北衆を味方にすると、所領を与えるという条件をつけて、本庄《ほんじょう》氏、鮎川《あゆかわ》氏、黒川氏、中《なか》条《じょう》氏ら有力領主を次々と味方に引き入れた。軍事力に関しては、彼ら領主層が唯一の頼みだったのである。

定憲は越後国内にとどまらず、会津《あいづ》（福島県南会津郡、会津若松市）の蘆名《あしな》氏や出羽《でわ》国（山形県・秋田県）の砂越《さごし》氏など国外の勢力も取り込むことに成功した。天文四年（一五三五）段階の定憲は、圧倒的に有利な態勢を築いたのである。逆に、為景は大きな危機に陥った。

しかし、為景も黙ってこの状況に甘んじていたわけではない。為景は朝廷から旗を下賜《かし》されており、その権威を背景にして戦いを有利に進めようとしている（「上杉家文書」）。翌天文五年（一五三六）二月、為景は朝廷にかねてから申請していた、内乱平定を主旨とする「治罰綸旨《ちばつりんじ》」を手に入れて戦った（「上杉家文書」など）。これにより、定憲を討《う》つ大義名分《たいぎめいぶん》が整ったといえよう。ところが、綸旨は思ったほど効果を発揮することなく、結局、為景は定憲の軍門に下《くだ》ったのである。

◇為景の没落

天文五年八月、敗北を喫した為景は、家督を子息の晴景に譲り、いさぎよく隠退した（「上杉家文書」）。為景の家督譲状によると、長尾家に伝わる旗、文書が晴景へと譲られている。それは、まさしく家督を譲る際の重要な手続きであった。しかし、実のところ、この譲状は無年号のもので、宛名も「弥六郎」となっており、晴景と記されていない。このあと、晴景は国内平定をするため、翌月に朝廷に綸旨の交付を願っている（「上杉家文書」）。もはや晴景の力だけでは抑え切れず、何らかのお墨付《すみつ》きを必要としたのであろう。

この家督交代劇は、どのように捉えるべきなのであろうか。守護上杉氏の弱体化とともに台頭したのが守護代の長尾為景だったが、同時に他の領主層も力をつけていた。いかに為景が将軍や朝廷をバックにしても、実効支配という側面では役に立たなかった。長尾氏は、領主層を統合する権力を構築できなかったのである。為景の家督交代劇に関する史料は乏しいところであるが、領主層からの強い要望があったと考えられる。為景は晴景に家督を譲ってから、わずか四ヵ月後にこの世を去った（「上杉家譜《かふ》」など）。

晴景は、先述のとおり天文五年九月に綸旨を手に入れると、翌年に阿賀北衆をはじめとした敵対する領主らと和睦《わぼく》を結び、再び上杉定実を守護に迎えることになった。これをもって、「越後享禄・天文の乱」は収束を迎えたのである。このときは綸旨が効果を発揮したようであるが、いずれにしても彼ら領主層との関係がいかに重要であるかが理解されよう。

ところで、晴景は病弱であり、武将としての器量（＝政治的な才覚）に欠けていたといわれている（「歴代古案《れきだいこあん》」）。家督を継承した時点で、晴景はまだ二十八歳の青年であったが、あまり政治手腕は高くなかったとも評価されている。戦国期においては器量が重視されただけに、晴景にとって致命的な欠陥であった。実際のところ、当主に器量が備わっていないと、配下の者たちが叛旗《はんき》を翻《ひるがえ》すことも珍しくなかった。それは、一種の「御家《おいえ》騒動」でもあり、それが原因で滅んでしまう大名家すらあった。

この状況を見て、存在感を見せるようになったのが上杉定実である。天文七年（一五三八）、実子のなかった定実は、養子を迎えることにした。養子の候補となったのは、奥州《おうしゅう》の有力大名である伊達《だて》稙宗《たねむね》の子息・時宗丸《ときむねまる》であった。名門同士の養子縁組である。この養子受け入れに関しては、晴景が反対する一方で、中条氏ら他の有力な領主は賛成に回った。結局、時宗丸は定実の養子となり、名を実元《さねもと》と改めた。この一連の事実からも、晴景権力の弱体化を看取できるであろう。

その後この養子縁組は、稙宗の長男・晴宗《はるむね》が反対したことや、上杉家でも反対派の色部《いろべ》勝長《かつなが》が賛成派の中条藤資《ふじすけ》を攻撃するなど、うやむやのうちに自然解消することとなった。家中の統率や領主層の支持を得られなければ、養子縁組すらうまくいかなかったのである。当時における戦国大名権力の脆弱《ぜいじゃく》さをうかがわせる一例といえよう。天文十一年(一五四二)になると、嫌気《いやけ》が差した定実は、ついに晴景に起請文《きしょうもん》を送り、隠退を宣言する様相を呈したのである(「上杉家文書」)。

晴景への求心力が失われる中で、領主層は不穏な動きを示すようになった。特に、阿賀北衆の中条藤資、本庄房長《ふさなが》、色部勝長らは、晴景の居城春日山城に参上することもなかった。天文十二年(一五四三)、栃尾《とちお》城(新潟県長岡市)の城代・本庄実乃《さねより》は、彼ら領主層の反晴景の動きを察知し、ただちに晴景に出兵を依頼した(「歴代古案」)。晴景は阿賀北衆を制するため、弟である謙信を三条城(新潟県三条市)に派遣している。このとき謙信は、わずか十四歳の少年であったが、この戦いが自らの運命を変えることになった。

◇躍進した謙信

三条城に派遣された謙信は、見事に晴景の期待に応《こた》え、初陣《ういじん》を飾ることに成功した。この一戦において謙信の名声は高まり、少年ながらも将来が大いに期待されたことであろう。晴景にとっては、皮肉なことであった。これでは晴景の無能さがクローズアップされ、逆に謙信の活躍が際立ってしまう。この謙信の活躍は、兄・晴景との関係を徐々に悪化させることになったのである。

その後も、謙信の快進撃が続くことになる、天文十四年（一五四五）十月、上杉家の家臣・黒田秀忠《くろだひでただ》が、長尾晴景の弟で、謙信の兄にあたる景康《かげやす》を殺害した。そして、秀忠は黒滝城《くろたき》（新潟県西蒲原郡《にしかんばら》）に籠《こも》り、叛旗を翻したのである。諸将を引き連れ討伐に向かった謙信に対して、秀忠はすぐに降参したので、謙信はこれを許したという。いったんは降伏した者を許すという、謙信の寛容さを示しているといえよう。

ところが、秀忠は翌年も黒滝城に籠り、再び反抗を試みた。上杉定実の命を受けた謙信は、ただちに黒滝城に向かい、これを討伐した。前回は秀忠の助命嘆願を受け入れたが、今回は一族を切腹させた。さすがに二度目はない。謙信の武将としての優れた能力が発揮された戦いであった。一連の戦いにより、謙信の実力は評価されることになったが、逆に兄・晴景や長尾政《まさ》景《かげ》との対立が先鋭化した。政景は上田長尾氏の当主で、のちに謙信の跡を継ぎ、豊臣《とよとみ》政権の五《ご》大老《たいろう》の一人となる上杉景勝《かげかつ》の実父である。また、晴景の家督継承を支援した人物でもあり、晴景の妹で謙信の姉にあたる仙桃院《せんとういん》は政景に嫁《とつ》いでいる。

このような晴景と謙信は、これまで、病弱で女色に溺《おぼ》れた無能な晴景、そして優れた武名とともに才気溢《あふ》れ人徳を備えた謙信、というまったく対照的な像で描かれてきた。こうした評価には、後世の脚色も加えられたであろうが、実力で晴景が劣っていたのは事実であろう。謙信の活躍ぶりを見た晴景は、強い警戒心を抱いたに違いない。これが、一族に不幸をもたらすことになったのである。

天文十六年（一五四七）、晴景と謙信はついに対決に至った。その経過については、軍学者として知られる宇佐美定祐《うさみさだすけ》の手になる『北越軍記《ほくえつぐんき》』に詳しく記されている。同書によると、晴景に味方したのは、長尾政景や阿賀北衆の黒川氏らであった。一方、謙信に従ったのは、謙信の従兄弟《いとこ》である高梨政頼《たかなしまさより》、栃尾城代の本庄実乃、大熊《おおくま》氏、直江《なおえ》氏、山吉《やまよし》氏らであった。

戦いが始まったのは同年四月のこととされ、晴景の軍勢が謙信の籠る栃尾城を包囲した。包囲された謙信は夜襲を仕掛け、晴景軍を混乱させている。総崩れとなった晴景は態勢を整えようとするが、謙信がこれを追撃したため、晴景は逃げ帰ったという。結果は、謙信の圧倒的な勝利に終わり、一連の戦いによって、晴景の威信は一気に地に落ちたのである。

実のところ、この戦いは『北越軍記』に記されるのみで、一次史料で裏付けることができない。同書の史料的価値も低いと評価されており、実際に晴景と謙信の間に戦いがあったのか疑問視する見解さえ存在する。しかし、両者の戦いがあったかどうかは別として、少なくとも晴景と謙信との間に対立が生じ、それぞれに有力な領主が味方する構図があったのは事実であったと考えられる。実力は圧倒的に謙信のほうが上で、有力領主の支持が集まり、晴景は排斥《はいせき》されるに至ったと推測される。

◇上杉姓を譲り受けた謙信

このように、二人の対立は越後国の政治状況に深刻なダメージを与えた。この事態を打開すべく調停に乗り出したのが、ほかならぬ上杉定実であった。

天文十七年（一五四八）十二月三十日、定実は晴景に対し、謙信に家督を譲るよう説得している。第三者による仲介は、見事に功を奏した。晴景は定実の斡旋《あっせん》を承諾し、謙信を養子としたうえで家督を譲った。こうして晴景は隠退し、代わりに謙信が春日山城に入城したのである。そして晴景は、天文二十二年（一五五三）二月十日、四十五歳で無念のうちに亡くなった（「花《か》嶽院古牌《がくいんこはい》」など）。

越後国では複雑な政治状況のもと、守護上杉氏の弱体化が進み、守護代の長尾氏が台頭した。

長尾氏が自身の権力の背景にしたのは、将軍や朝廷からもたらされる権威であった。しかし、それらは実効支配を保証するものではなく、越後国内の領主層を従わせるまでに至らなかった。また、為景の跡を継いだ晴景は病弱であり、統治能力に欠けていた。そのときに領主層の期待を一身に集め、登場したのが謙信だったのである。謙信の家督相続は、動揺する領主層の期待から生まれたものと評価できる。

以後、謙信は順調に勢力を拡大していく。

天文十八年（一五四九）に関東管領・上杉憲政の支援を決定すると、同時に越後平定に向けて始動し、二年後の天文二十年（一五五一）には反抗していた長尾政景を配下に組み入れることに成功した。憲政を支援したのは、当時はすでに弱体化していたとはいえ、関東管領という権威を利用しようとしたからであろう。

戦いは国内だけにとどまらなかった。天文二十二年（一五五三）には北信濃《きたしなの》の川中島《かわなかじま》（長野市）で武田信玄と合戦に及び、以降、五回にわたる戦いが展開された（四回説もあり）。一方において、謙信は外交にも熱心に取り組んだ。同年に上洛《じょうらく》した謙信は、後奈良《ごなら》天皇から隣国を討伐してよいとの勅命《ちょくめい》を受けるとともに、室町幕府や本願寺《ほんがんじ》、越前《えちぜん》（福井県）国の朝倉《あさくら》氏とも関係を強化したのである。謙信に上洛志向があったか否《いな》かはよく問題になるが、少なくとも朝廷や幕府といった伝統的権威には強い関心を抱いていたようである。

弘治《こうじ》元年（一五五五）に長尾氏家臣の北条高広《きたじょうたかひろ》が信玄に与して挙兵すると、武田・上杉間の抗争はますます激化した。結局、この戦いは今川義元《いまがわよしもと》の斡旋により幕を引いたが、越後国内の統治は、必ずしもうまくいっていなかった様子が看取される。謙信配下の部将たちは城持ちの領主であり、それを統括するのが謙信の役割であった。武田氏との抗争で苦戦を強《し》いられた謙信は、彼らの支持を失いつつあったのである。そして、大名当主は家臣の強力な支持なくして存続しえなかった。

ここで謙信は大芝居を打つ。隠退を表明し、比叡山《ひえいざん》に向かったのである。慌《あわ》てたのは、謙信に心を寄せる国人衆だった。すぐさま家臣を代表して長尾政景が翻意を促し、帰国を要請した。領主たちは誓紙《せいし》と人質を謙信に差し出したので、謙信は了解し、家臣団の統制を強化することに成功したのである。

永禄三年（一五六〇）九月、上杉憲政を推戴《すいたい》した謙信は関東に侵攻し、翌年三月には小田原《おだわら》城（神奈川県小田原市）の北条《ほうじょう》氏を攻撃した。しかし、謙信の関東での基盤は弱く、同年四月には鎌倉まで退いた。ここで謙信は鶴岡八幡宮《つるがおかはちまんぐう》に参詣《さんけい》すると、憲政から関東管領職と上杉姓を譲り受け、上杉政虎と名乗りを改めた。こうして、上杉姓を獲得するとともに、関東平定の大義名分を獲得したのだ。

以降、謙信は関東各地を転戦し、武田氏、北条氏などと死闘を繰り広げた。しかし、天正六年（一五七八）一月、謙信は三月十五日に大軍の出発を指示するも、出陣を目前に控えた三月十三日に突如として亡くなった。享年《きょうねん》四十九。死因は脳溢血《のういっけつ》であったという。まさしく志《こころざし》半ばというところであろう。

謙信の死の直後、いずれも養子の景勝と景虎（北条氏康《うじやす》の七男）が家督を争い（「御館《おたて》の乱」）、景勝が勝利して謙信の後継者になったのである。

北条氏

風雲児の出自の謎と改姓に至るまでの苦闘

◇覆された「北条早雲」像

ここで論じる「北条氏《ほうじょう》」とは、鎌倉時代に執権《しっけん》を世襲し権勢をふるった北条氏ではなく、一介の素浪人《すろうにん》から戦国大名にまでのし上がったとされてきた北条早雲《そううん》を始祖とする北条氏、いわゆる後《ご》北条氏、小田原《おだわら》北条氏と称されるものである。本項では、早雲の出自について検討していくとともに、北条氏という名門の姓を名乗るに至った経緯について見ていくことにしよう。

北条早雲の出自については、山城《やましろ》国（京都府）、大和《やまと》国（奈良県）、備中《びっちゅう》国（岡山県）といった諸説が提示されており、長らく謎とされてきた。実は、北条早雲という名前を本人が生前に名乗ったことはなく、近年の研究で、室町幕府の政所執事《まんどころしつじ》を務めた伊勢《いせ》氏一族の伊勢宗瑞《そうずい》という人物だったことが明らかにされている。早雲は備中国荏原荘《えばらのしょう》（岡山県井原《いばら》市）に本拠を置く伊勢盛定《もりさだ》の次男で、もとの名を盛時《もりとき》という。以下、本項では早雲でなく、正しいとされる伊勢宗瑞を用いることとしたい。

宗瑞の名前や出自は明らかにされたが、残念なことに誕生年はいまだに確定していない。長らく永享《えいきょう》四年（一四三二）説が支持されてきたが、最近では康正《こうしょう》二年（一四五六）説が有力視されている。ただ、いずれの説を採るにしても、年代的な矛盾が指摘されているので、定着するに至っていないのが実情だ。

とはいえ、関東に縁もゆかりもない宗瑞が、疾風怒濤《しっぷうどとう》のごとく伊豆《いず》国（静岡県）、相模《さがみ》国（神奈川県）を支配下に収めたのは事実であり、検地《けんち》の実施や「早雲寺殿廿一箇条《にじゅういっかじょう》」を定めるなど、戦国大名の先駆的な存在として高く評価されている。一方、戦国大名の例に漏《も》れず、宗瑞は謀略《ぼうりゃく》により上位権力（堀越公方《ほりごえくぼう》の足利茶々丸《あしかがちゃちゃまる》など）を排除するなど、「悪」と評価される一面も見ることができる。

◇伊勢宗瑞の出自

宗瑞の出自について、古くから提示されてきた諸説を取り上げることにしよう。

『北条五代記』、『北条盛衰記《せいすいき》』という軍記物語は、大和在原《ありはら》、山城宇治《うじ》という説を挙げている。しかし、この説は信頼度の落ちる史料に書かれたものであり、かつ住国について述べているだけなので、現在では否定されている。

宗瑞の伊勢という名字にも関連して、伊勢国（三重県）出身説もある。こちらの説は、『北条記』、『相州兵乱記《そうしゅうへいらんき》』に書かれたもので、宗瑞が信濃《しなの》国（長野県）守護《しゅご》の小笠原定基《おがさわらさだもと》に宛てた書状にも記されている。書状の内容から、宗瑞は伊勢国関《せき》出身の武士であるとされ、この説は明治から大正にかけての国史学者・田中義成《たなかよしなり》らによって支持された。しかし、宗瑞の書状をめぐっては、史料解釈に相違があると指摘され、今となっては伊勢国関出身説は否定されている。

　伊勢つながりで提起されたのが、京都の伊勢氏出身説である。この説は、中世史家の渡辺世《わたなべよ》祐《すけ》氏らによって支持された。渡辺氏は『寛政重修諸家譜《かんせいちょうしゅうしょかふ》』などにより、室町幕府第八代将軍・足利義政《あしかがよしまさ》のもとで政所執事を務めた伊勢貞親《さだちか》の弟・貞藤《さだふじ》の子が宗瑞であると指摘した。これまで一介の素浪人であるとされていた宗瑞を、それなりの名族であると論じたのであるが、確定には至らなかった。

北条氏略系図

伊勢盛定—宗瑞（盛時）—（北条）氏綱—氏康—氏政—氏直
氏康—三郎（氏康七男）⇢上杉謙信＝景虎

　のちに注目されたのは、備中出身説である。備中出身説は古くから知られた説だったが、史料としては信頼度の劣る編《へん》纂物《さんぶつ》である『今川記《いまがわき》』、『太閤記《たいこうき》』に書かれていたものだったので、ほとんど顧《かえり》みられることがなかった。改めてこの説を提起したのは中世史家の藤井駿《ふじいしゅん》であり、根拠史料として「法泉寺文書《ほうせんじもんじょ》」を用いた。その結果、先述のとおり備中国荏原荘に本拠を置く伊勢盛定の次男で、もとの名を盛時といったことが判明したのである。この説は多くの支持を得て、現在では定説となっている。

伊勢氏が荏原荘に入部したのは、室町時代の初期のことである。宗瑞の曽祖父《そうそふ》・経久《つねひさ》は、荏原荘内に祥雲寺《しょううんじ》を創建し、荘内の高越城《たかこし》を居城としたと考えられる。その後、経久は荏原荘を二つに分けて、子の盛経《もりつね》と盛景《もりかげ》に与えた。宗瑞の祖父が盛経で、その子・盛定が宗瑞の父である。盛定は足利義政の申次衆《もうしつぎしゅう》を担当しており、備中国守護の細川《ほそかわ》氏と懇意にしていた。また、盛定は今川義忠《いまがわよしただ》の申次を担当していたので、娘を義忠に嫁《とつ》がせたのである。次に、若き宗瑞の姿を確認しておこう。

◇関東に進出する宗瑞

文明《ぶんめい》八年（一四七六）、宗瑞は室町幕府第九代将軍・足利義尚《よしひさ》の申次として、はじめて史上に登場する。これ以降、宗瑞が大きく関わることになる今川氏は、当時、遠江国《とおとうみ》（静岡県）の守護・斯波《しば》氏と敵対関係にあった。同年二月、今川義忠は斯波氏に与《くみ》した横地《よこち》氏を金寿城《きんす》（静岡県菊川市）に攻め、駿河国《するが》（静岡県）に戻る途中で、横地氏らの残党に襲撃されて落命する。享年《きょうねん》四十一。

義忠の没後、今川家は、当時まだ六歳の龍王丸《たつおうまる》（のちの氏親《うじちか》）を残すのみとなり、家中は大いに動揺、家督《かとく》相続をめぐって混乱した。義忠の従兄弟《いとこ》・小鹿範満《おしかのりみつ》が今川家の家督を狙い、家臣たちを扇動《せんどう》していたのだ。思いがけない範満の行動に、義忠の妻・北川殿《きたがわどの》と龍王丸は窮地《きゅうち》に陥る。この二人の危機を救ったのが、ほかならぬ宗瑞であった。実は、北川殿は宗瑞の姉であり、龍王丸は甥《おい》にあたる。宗瑞は調停役として今川家の家督紛争に介入し、無事に問題を解決したのである。

その概要とは、おおむね次のようになろう。『今川記』などによると、今川家の家督紛争に際して、北川殿は宗瑞に調停を依頼したという。宗瑞は扇谷《おうぎがやつ》上杉《うえすぎ》氏の家宰《かさい》・太田《おおた》道灌《どうかん》と面会し、二人が中心となり調停をまとめたといわれている。扇谷上杉氏の定正《さだまさ》は山内《やまのうち》上杉氏に対抗すべく、今川家の家督問題に介入し、範満を支援するため太田道灌を派遣したのである。宗瑞の提示した調停案は、次のようなものだった。

①義忠の後継者には龍王丸を据える。
②龍王丸が成人するまでは、範満が後見役《こうけんやく》を務める。

この流れについて、これまでは宗瑞の類《たぐい》まれなる能力が発揮されたと考えられてきたが、そうではないようである。

近年の研究では、ことの経緯には室町幕府の意向があったと指摘されている。宗瑞は幕府（実質的には細川政元《まさもと》）の指示を受け、父・盛定の代理として駿河に下向《げこう》したというのだ。当時、幕府は関東管領《かんとうかんれい》の上杉氏を危険視していた。範満の母は、関東管領と協力関係にあった上杉政憲《まさのり》の娘だったので、幕府は範満が今川家の家督を継ぐのには反対していたのである。つまり、宗瑞の行動は幕府の意向を伝達するもので、それゆえスムーズに解決したということだ。

その後、龍王丸は立派に成人したが、範満は約束を守らず、後見人としての立場を放棄しなかった。長享《ちょうきょう》元年（一四八七）、ついに宗瑞は範満の討伐《とうばつ》に乗り出す。範満を支えていた、太田道灌の死も一つのきっかけとなったと思われる。同年十一月、宗瑞は見事に範満を討ち果たした。

範満の死により、龍王丸の体制は盤石《ばんじゃく》となった。宗瑞は軍功により興国寺城《こうこくじ》（静岡県沼津市）主となり、駿河国富士郡の富士下方十二郷《ごう》を所領として与えられた。興国城は駿河と伊豆の国《くに》境《ざかい》という、重要な地点に位置していた。宗瑞には、堀越公方に与する駿河衆に対する抑えを期待されたといわれている。

ここで堀越公方について触れておこう。関東では享徳《きょうとく》三年（一四五四）に「享徳の乱」が勃《ぼっ》発《ぱっ》し、文明十四年（一四八三）まで混乱が続いた。宗瑞の生涯を語るうえで、「享徳の乱」は重要である。では、「享徳の乱」とは、どのような争いだったのか。

永享《えいきょう》十年（一四三八）の「永享の乱」により、鎌倉公方の足利持氏《もちうじ》が自害した。その後、しばらく鎌倉公方は空席が続いたが、宝徳《ほうとく》元年（一四四九）に持氏の遺児・成氏《しげうじ》（幼名・永寿丸《えいじゅまる》）が就任した。当時、関東管領には山内上杉氏の憲忠《のりただ》が就いていたが、成氏との関係は必ずしも良くなかった。やがて、成氏は憲忠だけでなく、扇谷上杉氏の顕房《あきふさ》とも対立する。

享徳三年十二月、成氏は憲忠を自分の御所に招いて謀殺《ぼうさつ》した。これが「享徳の乱」のはじまりである。憲忠のあとには、弟の房顕《ふさあき》が関東管領職に就いた。成氏は下総《しもうさ》国古河《こが》（茨城県古河市）に拠《よ》り古河公方と称し、利根川《とねがわ》より東側を支配する。西側部分は上総《かずさ》国・安房《あわ》国（千葉県）を除き、上杉氏が支配するところとなった。

長禄《ちょうろく》二年（一四五八）、幕府は成氏を討伐すべく、八代将軍・足利義政《よしまさ》の異母兄の政知《まさとも》を関東に派遣した。しかし、結果は大敗。鎌倉にすら入ることができなかった政知は、伊豆の堀越に本拠を定め、以後は堀越公方と称されるようになった。ちなみに、今川範満の祖父・上杉政憲は、政知の家臣である。

文明十四年、幕府は古河公方の成氏と和解した。これにより、堀越公方の政知は成氏に関東の支配権を譲渡し、伊豆一国の領有権だけを認められた。政知は幕府から見捨てられた形になり、不満だけが残ることになったのだ。

延徳《えんとく》三年（一四九一）四月、政知は無念のうちに堀越御所で亡くなった。享年五十七。その跡を継いだのが、子息の茶々丸なのである。

◇宗瑞の伊豆襲撃

延徳三年七月、堀越公方になった茶々丸は、継母の円満院《えんまいん》と異母弟の潤童子丸《じゅんどうじまる》を謀殺した。それだけでなく、有力な家臣を殺害するなどし、茶々丸の求心性は急速に失われた。一連の事件により、伊豆の内乱状態の情報が幕府に伝わると、幕府は伊豆の状況に対して、強い危機感を抱くこととなる。

この頃、中央政界ではどのような動きがあったのか。明応《めいおう》二年（一四九三）、細川政元は時の将軍・足利義稙《よしたね》（義材《よしき》）を追放し、政知が円満院との間にもうけた次男・香厳院清晃《きょうごんいんせいこう》（のちの足利義澄《よしずみ》）の擁立《ようりつ》に成功した。これが「明応の政変」である。

政変の直後、義澄の意を受けて、細川政元、伊勢盛定は、宗瑞に堀越公方の足利茶々丸と家臣の犬懸《いぬがけ》上杉氏の討伐を命じた。義澄にとって異母兄にあたる茶々丸は、母と弟を殺した仇敵《きゅうてき》であった。当時、興国寺城主であった宗瑞は、秘密裏に葛山《かつらやま》氏や富士《ふじ》大宮司《だいぐうじ》氏を調略《ちょうりゃく》し、堀越公方の襲撃を画策していたという。

この戦いにおいて、宗瑞の戦闘準備はかなり以前から進められており、駿河の土豪の多くは宗瑞の伊豆襲撃に従ったという。おそらく、宗瑞は早い段階において、幕府の意向を踏まえて彼らへの調略を行っていたのであろう。

明応二年十月、宗瑞は伊豆国へ攻め込んで、茶々丸を堀越御所から追放した。この戦いをもって、戦国時代の始まりとする研究者もいる。

後世の軍記物語には、宗瑞の電光石火《でんこうせっか》ぶりが鮮やかに描かれている。宗瑞は自らが率いる二百の軍勢に加え、今川氏親から三百の兵を借りていたという。総勢五百の兵は、清水港から十艘《そう》の船で駿河湾を渡海し、西伊豆の海岸に着岸した。そこから陸路で堀越御所を目指し、火を放つなどして襲撃した。やっとの思いで逃げ出した茶々丸は、伊豆韮山《にらやま》の願成就院《がんじょうじゅいん》で観念して自害したという。

しかし、茶々丸が自害したという説は、現在では誤りであるとされている。実際は、茶々丸は生き残っており、家臣の関戸《せきど》氏や国人《こくじん》の狩野《かの》氏、土井《どい》氏らの激しい抵抗により、宗瑞は苦戦を強《し》いられたという。両者の戦いは、明応四年（一四九五）二月の段階でも継続していた（「伊東文書」）が、結局、同じ年に茶々丸は宗瑞によって伊豆を追放され、伊豆諸島（大島か？）に逃亡した（『勝山記《かつやまき》』）。

明応五年（一四九六）以降、茶々丸は家中に紛争が生じていた甲斐《かい》国（山梨県）の武田《たけだ》氏を頼ったという。明応七年（一四九八）八月、茶々丸は切腹したというが、甲斐国内であったという説と伊豆深根城《ふかね》（静岡県下田市《しもだ》）とする説がある。これにより、宗瑞は伊豆韮山に本拠を定め、明応八年（一四九九）頃までには伊豆の制圧を完了した。

宗瑞による伊豆襲撃は、これまで私欲を満たすための宗瑞の謀略と理解されてきたが、実際には幕府との連携により、周到に計画された襲撃であったのである。つまり、襲撃は宗瑞自身の判断によるものではなく、今川家家督継承問題と同様、幕府の意向を受けてということになろう。

◇小田原城襲撃と相模制圧

宗瑞は、小田原城主の大森藤頼《おおもりふじより》（定頼《さだより》が正しい。後述）の攻略に着手していた。大森氏は駿河郡に本拠を持ち、のちに鎌倉公方に仕えて、伊豆、相模両国に勢力圏を拡大した。小田原城は、大森氏の本拠である。宗瑞による小田原城の攻撃についても、従来説が改められている点が多い。そもそもが宗瑞による征服欲によるものではなく、先述した幕府、つまり細川政元の意向を汲《く》んでの軍事行動であると指摘されている。明応二年の「明応の政変」により、足利義澄が新将軍となり、前将軍・義稙は京都から越中国《えっちゅう》（富山県）に逃亡、越後国《えちご》（新潟県）守護の上杉房定《ふささだ》の庇護《ひご》下にあった。

また、房定の子息が伊豆守護の顕定《あきさだ》であったので、伊豆に攻め込んだ宗瑞とは敵対関係にあった。宗瑞は政元と同じく「反義稙派」であり、それゆえ小田原城に攻め込んだ。そして、大森氏は山内上杉氏に与同《よどう》していたのだから、当然宗瑞と対立する必然性があったのだ。

ところで、後世に成った『北条五代記』などには、明応三年（一四九四）八月に大森氏頼《うじより》が亡くなったあとに次男・藤頼があとを継いだとあるので、宗瑞は藤頼と戦ったと考えられてきた。しかし、「大森系図」（乗光寺《じょうこうじ》所蔵）の記載に基づく近年の研究によると、宗瑞が相手としたのは藤頼ではなく、氏頼の嫡男《ちゃくなん》の子息・定頼が正しいと指摘されている。

従来説では、宗瑞の小田原城攻撃の予兆が次のように描かれている（以下、『北条記』による）。

ある晩、宗瑞は鼠《ねずみ》が大きな二本の杉の木を根元から食い倒し、やがて鼠が虎へと変貌《へんぼう》する霊夢を見た。鼠とは子年《ねどし》生まれの宗瑞であり、二本の杉の木とは扇谷・山内の両上杉家のことで、明応四年の小田原城襲撃を予兆させる霊夢だった。小田原城攻撃の経過は次のとおりである。宗瑞は、たびたび大森藤頼（定頼。以下同じ）に贈物をしていた。当初、藤頼は意図を図りかねて警戒していたが、やがて親しい間柄になったという。

ある日、宗瑞は藤頼に、「鹿狩りをしたいので、大森氏の領内に勢子《せこ》（狩猟で鳥獣を狩り出したり、逃げるのを防ぐ人夫）を入れさせてほしい」と依頼した。藤頼は疑うことなく、申し出を許可した。宗瑞は屈強な武将たちを勢子に仕立て上げると、次々と大森氏の領内へと送り込んだ。その夜、宗瑞の軍勢は千頭の牛の角に松明《たいまつ》を灯し、小田原城へ進軍、これに呼応するかのように、潜んでいた勢子（宗瑞の軍勢）が鬨《とき》の声を上げて城下に火を放った。

突然なことに、大森方では数万の軍勢が押し寄せたと勘違いした。千頭の牛の松明がそのように見えたのだろう。大森方は大混乱に陥り、藤頼はほうほうの体《てい》で小田原城から逃げ出した。宗瑞はほとんど戦うことなくして、小田原城を手に入れたのである。

右に示した一連の『北条記』の記述によって、宗瑞が霊夢により軍事行動を起こしたことと、それが下克上《げこくじょう》という当時の風潮に倣《なら》ったものであるように伝わったのである。

しかし、一次史料からは、このような劇的な攻略は確認できない。そもそも明応四年に小田原城が落城したのかも疑問視されている。明応五年に推定される上杉顕定書状（「宇津《うつ》江《え》氏所蔵文書」）によると、宗瑞が相模西部に侵攻した際、顕定は古河公方・足利政氏《まさうじ》を奉じて交戦に及んだという。顕定は扇谷上杉氏配下の上杉朝昌《ともまさ》、太田資康《すけやす》（道灌の子）、大森式部少輔《しきぶのしょう》（定頼か？）、長尾《ながお》景春《かげはる》、三浦《みうら》義同《よしあつ》らを降《くだ》し、宗瑞の弟・弥次郎《やじろう》らが籠《こも》る「要害を自落」させ（逃亡させたとの意味か？）、数多くの首を獲ったというのである。

この「要害」というのが小田原城ではないかと考えられている。大森式部少輔が定頼であるとすれば、宗瑞と定頼は味方同士だったことになる。『勝山記』（『妙法寺記《みょうほうじき》』）にも、同年七月に宗瑞の弟・弥次郎が大敗したことが記されている。その記述は、右の顕定との交戦を指すものと推測される。その後、定頼は宗瑞のもとを離れ、山内上杉方に与した。そうした事情から定頼は宗瑞に攻撃され、小田原城の落城後には、三浦義同の所領である岡崎（神奈川県伊勢原《いせはら》市）に逃れたというのである。ちなみに義同は上杉高救《たかひら》と大森氏頼の娘との間にできた子どもで、のちに子がなかった三浦時高《ときたか》の養子になった。義同ものちに宗瑞によって滅ぼされる。

右の検討結果を考慮すれば、そもそも明応四年に小田原城が落城したという説そのものが見直されなくてはならない。宗瑞は足利茶々丸の激しい抵抗に遭い、意外なほど抵抗を強いられたが、それは大森氏に対しても同じであったといえよう。

伊豆を制圧した宗瑞であったが、いまだ戦国大名としての姿は見出《みいだ》せない。永正《えいしょう》元年（一五〇四）八月、宗瑞は今川氏親の配下として、遠江に侵攻した。同年九月、宗瑞は氏親とともに扇谷家の上杉朝良《ともよし》に与し、武蔵《むさし》国立河原《たちがわら》（東京都立川《たちかわ》市）で山内家の上杉顕定を打ち破った。こうして宗瑞は相模中央部へと侵攻した。

同年九月、宗瑞は江ノ島に制札を掲げているが（「岩本院文書」）、ほぼ同じ頃に氏親も鶴岡八《つるがおかはち》幡宮《まんぐう》に禁制を与えているので（「鶴岡八幡宮文書」）、やはり宗瑞は氏親の配下にあったと見るべきかもしれない。翌月、宗瑞は伊豆へと戻る。戦いに敗れた顕定は、越後の山内家の上杉房能《ふさよし》を頼り、再び朝良に戦いを挑んだ。同年十二月、越後の上杉勢は相模へ侵攻し、顕定方の諸城は次々と落城に追い込まれた。こうして永正二年（一五〇五）三月、朝良は顕定に降伏し、ここにいったん両上杉氏の抗争は幕を閉じたのである。

永正三年（一五〇六）になると、古河公方・足利政氏とその嫡男・高基《たかもと》の抗争が勃発し、武蔵・相模は戦場と化した（「永正の乱」）。永正六年（一五〇九）七月、顕定は越後の長尾《ながお》為景《ためかげ》を討伐《とうばつ》するため出陣する。このとき宗瑞は為景に与して戦うが、朝良の家臣の上田《うえだ》政盛《まさもり》が裏切るなど、事態は宗瑞に有利に動いた。しかし、「権現山《ごんげんやま》の戦い」で政盛が敗れ、また宗瑞方の住《すみ》吉《よし》城（神奈川県逗子《ずし》市）が三浦義同・義意《よしおき》父子に攻略されるなど、宗瑞は苦戦を強いられた。

永正九年（一五一二）八月、再び宗瑞は攻勢に出る。宗瑞は義同の籠る岡崎城（神奈川県伊勢原市）の攻略に成功し、住吉城に敗走せしめた。こうして宗瑞は悲願であった鎌倉に入り、二十余年もの歳月を要して、ついに相模を支配に収めたのである。その後も義同の抵抗は続いたものの、永正十三年（一五一六）に宗瑞が義同の三崎城を落とし、ついに三浦氏は滅亡した。宗瑞が子息の氏綱《うじつな》に家督を譲ったのは、その二年後の永正十五年（一五一八）のことだった。その翌年、宗瑞は波乱の生涯を終えたのである。

◇北条改姓の事情

最後に、そもそも北条氏とはどういう由来の姓なのかを追いつつ、後北条氏への改姓の事情をまとめておこう。

北条氏は桓武平氏《かんむへいし》の流れを汲み、平貞盛《たいらのさだもり》の曽孫《そうそん》の直方《なおかた》を祖とする一族である。直方の孫の時《とき》方《かた》が伊豆国田方郡《たがた》北条（静岡県伊豆の国市）に本拠を定め、その地を名字として用いた。時方の子は、のちに鎌倉幕府開幕の立役者の一人になった時政《ときまさ》である。時方は伊豆の豪族だったといわれているが、その生涯についてはほぼまったく不明である。

源頼朝《みなもとのよりとも》が鎌倉幕府を開幕しえたのは、北条時政・義時《よしとき》父子の力添えがあったからだった。その頼朝が亡くなったのは、建久《けんきゅう》十年（一一九九）のことである。父の跡を継いだ頼家《よりいえ》は、北条氏と比企《ひき》氏（頼家の乳母を出した）との激しい権力争いに巻き込まれ失脚、元久《げんきゅう》元年（一二〇四）に伊豆国修禅寺《しゅぜんじ》（静岡県伊豆市）で暗殺された。頼家の死後は、弟の実朝《さねとも》が三代将軍に就任したが、建保《けんぽう》七年（一二一九）に公暁《くぎょう》（頼家の三男）によって暗殺された。こうして源家は、わずか三代で絶えたのである。

実朝が将軍になる以前から、すでに時政が執権《しっけん》として将軍を補佐していた。時政の失脚後、義時がその地位を継承した。承久《じょうきゅう》三年（一二二一）、後鳥羽《ごとば》上皇が幕府に対して挙兵すると（「承久の乱」）、義時は姉の政子《まさこ》と協力して鎮圧し、以後は幕府における主導権を握った。実朝の死後、幕府は摂関《せっかん》家や天皇家から将軍を迎えたが（宮《みや》将軍）、実権を握ったのは、あくまで執権だった。結局、執権は鎌倉幕府滅亡まで在任し、大いに権勢を振るったのである。

冒頭に記したとおり、宗瑞は存命中に「北条」を姓とすることはなかった。史料を見ても、「伊勢新九郎《しんくろう》」、「伊勢宗瑞」などが用いられている。いつの頃からか、「北条早雲」と称されるようになり、現在にまで至っている。むろん、それが誤りであることは、以前から指摘されていたのだが、映画、ドラマ、小説などでは、すでに浸透していた「北条早雲」がそのまま使われたのだろう。

「伊勢」から「北条」に改姓した時期は、大永《だいえい》三年（一五二三）六月から九月の間と推測されている。宗瑞は室町幕府で政所執事を務めた名門の伊勢氏の流れを汲むのだから、そのままでも問題はなかったはずだが、氏綱（宗瑞の子）の代に至って、「伊勢」から「北条」に改姓したのである。それはなぜか？

伊勢氏は京都から関東に下ってきたよそ者だった。そのよそ者が関東管領を務めた上杉氏に代わり、相模国を支配するのには、何らかの正当性が必要だった。というのも、山内・扇谷上杉氏に従う関東の国衆《くにしゅう》は、宗瑞らを「他国の逆徒」と呼んでいた。宗瑞がいかに力で版図《はんと》を広げたとはいえ、大きな反発を受けていたのは事実である。

そこで氏綱が目を付けたのが、かつて鎌倉幕府で執権を務めた北条氏である。北条氏は滅んでいたので、その名跡を受け継ぐのは問題がなかった。つまり、氏綱は鎌倉時代の北条氏の名跡を受け継ぐことで、関東に覇《は》を唱える正当性を確保しようとしたと考えられる。

細川氏

名門の傍流から有力大名へ――幽斎の乱世遊泳術

◇細川幽斎、出自の謎

戦国時代ナンバーワンの教養人として、細川幽斎《ほそかわゆうさい》の名を挙げることに異論を唱える人は少ないだろう。特に、和歌に関しては、古今伝授《こきんでんじゅ》を授けられたことで知られている。古今伝授とは、『古今和歌集』の解釈を中心とし、二条家《にじょう》の歌学やそれに関連する諸説を口伝《くでん》、切紙《きりかみ》、抄物《しょうもつ》によって、師から弟子へ秘伝として伝授することである。

しかし、その出自となると不明な点が多い人物であるのもまた事実である。室町時代に管領《かんれい》・守護《しゅご》として足利《あしかが》将軍家を支えた名門・細川一族に繋《つな》がるとされる幽斎だが、それすらはっきりしたことはよくわからない。本項では幽斎の足跡をたどりつつ、戦国の動乱を生き抜き、その後の繁栄を迎えた細川氏について見ていくことにしよう。

天文《てんぶん》三年（一五三四）四月二十二日、幽斎は室町幕府の申次衆《もうしつぎしゅう》・三淵晴員《みつぶちはるかず》の次男として誕生した。幼名《ようみょう》は万吉《まんきち》、のちに与一郎《よいちろう》と称し、長じて藤孝《ふじたか》と名乗った。また、「長岡《ながおか》」と姓を改めたこともある。法名は玄旨《げんし》で、本来ならそちらで呼ぶのが妥当であるが、本項ではよく知られた雅号の「幽斎」で統一する。

父の晴員は、和泉《いずみ》（大阪府）半国《はんごく》守護・細川元有《もとあり》（細川和泉上守《いずみかみしゅご》護家《け》第七代目当主）の子だった。のちに、三淵晴恒《はるつね》の養子となり、三淵を姓とした。母の智慶院《ちけんいん》は、儒学者《じゅがくしゃ》・清原宣賢《きよはらののぶかた》の娘で、室町幕府第十二代将軍・足利義晴《よしはる》の側室だったこともある。一説によると、智慶院は将軍の足利義晴の子を身ごもったが、そのまま晴員と結婚し、幽斎を産んだといわれている（『細川全記』など）。この話が事実ならば、足利義輝《よしてる》・義昭《よしあき》兄弟の庶兄になるが、根拠が乏しく疑わしい。

従来説によると、幽斎は伯父《おじ》の細川元常《もとつね》（晴員の兄。細川和泉上守護家第八代目当主）の養子になったといわれていた（『寛政重修諸家譜《かんせいちょうしゅうしょかふ》』）が、現在この説は誤りと指摘され、幽斎の養父は足利義晴の近臣・細川晴広《はるひろ》だったという説が有力視されている。晴広は同じ細川家でも、細川淡路《あわじ》守護家の家柄である。幽斎は祖父・元有の養子になったという説もあるが（『寛永諸家系図伝』）、元有は明応《めいおう》九年（一五〇〇）に没しているので齟齬《そご》をきたす。あり得ない説と考えてよいだろう。

幽斎の実父の晴員は、元有の子ではなかったという説もある。同じ時代に、幕臣で三淵孫三《まごさぶ》郎《ろう》なる者が播磨《はりま》国（兵庫県）に下向《げこう》していた。孫三郎は実名が不詳で、『系図纂要《けいずさんよう》』にも記載

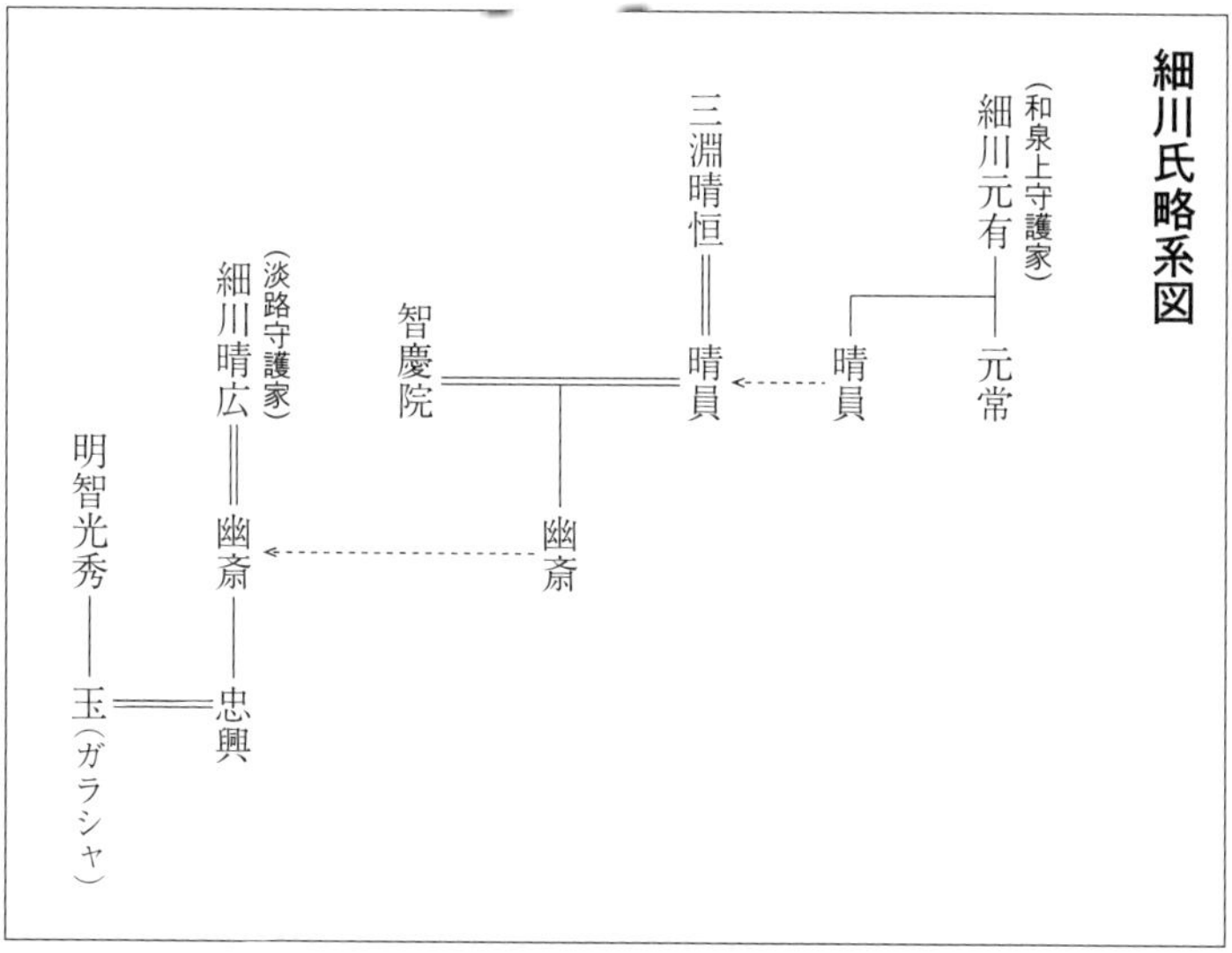

細川氏略系図

はないが、当時の三淵家の当主であり、晴員は孫三郎の弟だったと指摘されている。この説が事実ならば、幽斎は和泉国守護家の細川氏と何ら血縁関係を有しないことになろう。近年、御《お》供衆《ともしゅう》だった幽斎が（『永禄六年諸役人附《しょやくにんつけ》』）、外様《とざま》衆の家格である和泉国守護家を継承した不自然さが指摘されている。

先述した幽斎の養父・晴広の父は、高久《たかひさ》である。そして、高久の父の政誠《まさしげ》は、大原《おおはら》氏（近江《おうみ》佐々木源氏《ささきげんじ》）の出身であるといわれている。一説によると、八代将軍の足利義政《よしまさ》が、政誠を家臣にするため、細川氏の名字を名乗らせようとしたという。そこで、義政は政誠を淡路守護家の細川氏の養子にしたというわけである。この話が事実ならば、幽斎は純粋な淡路守護家の細川氏の系統でもないことになる。

いずれにしても、幽斎の出自には謎が多く、はっきりしない点が多い。少なくとも幽斎は、純粋に細川氏の流れを汲《く》むとは言い難いようだ。

天文十五年（一五四六）、幽斎は十三代将軍・足利義輝から偏諱《へんき》を与えられ、藤孝と名乗った。天文二十一年（一五五二）には、従五位下《じゅごいげ》・兵部大輔《ひょうぶたいふ》に叙位任官される。こうして幽斎は義輝に仕え、義輝が三好長慶《みよしながよし》と対立して近江国《おうみ》（滋賀県）に出奔《しゅっぽん》した際は、これに随行したという。『雑々聞検書《ざつざつぶんけんしょ》』などによると、帰京した義輝は永禄《えいろく》八年（一五六五）一月、四月に幽斎の邸宅を訪ね、猿楽《さるがく》を楽しんだことがわかる。

◇京都を出奔した幽斎

永禄七年（一五六四）七月に三好長慶が没すると、畿内の政情に不穏な空気が漂った。長慶の跡を継いだ養子の義継《よしつぐ》（長慶の弟・十河一存《そごうかずまさ》の子）が若年だったため、家臣の三好三人衆（三好長逸《ながやす》・三好政康《まさやす》・岩成友通《いわなりともみち》）と松永久秀《まつながひさひで》が補佐した。しかしその後、三好三人衆と久秀は仲違《なかたが》いし、争うようになった。その最中に勃発《ぼっぱつ》したのが永禄八年五月の「永禄の政変」だ。

永禄八年五月十九日、三好義継、三好三人衆、松永久通《ひさみち》（久秀の子）らの軍勢は、将軍・義輝のいる二条御所を襲撃。義輝は自ら刀を抜いて戦ったが、最後は力尽きて自害した。なお、この政変に松永久秀が加わっていたという説があるが、そのときは大和国《やまと》（奈良県）にいたので、誤りと指摘されている。

義輝が亡くなると、幽斎は京都を脱出。そのまま大和国に急行し、義輝の弟・一条院覚慶《いちじょういんかくけい》（のちの第十五代将軍・義昭）を興福寺《こうふくじ》（奈良市）から救い出した。協力したのは、同じ幕臣の三淵藤英《ふじひで》、一色藤長《いっしきふじなが》、和田惟政《わだこれまさ》、仁木義政《にっきよしまさ》、米田求政《こめだもとまさ》という面々だった。その後、義昭は六角義賢《ろっかくよしかた》を頼って近江国へ逃亡し、和田惟政の居城・和田城（滋賀県甲賀市《こうか》）に身を置いた。さらに野洲郡矢島《やすやじま》（同守山市《もりやま》）に移動し、矢島御所としたのである。

永禄八年八月、義昭は越後国《えちご》（新潟県）の上杉謙信《うえすぎけんしん》に室町幕府の再興を依頼するが、すぐに実現することはなかった。そこで、義昭は永禄九年（一五六六）八月に矢島を発し、妹婿《むこ》の武田義統《たけだよしむね》を頼って、若狭国《わかさ》（福井県）へ向かったが、若狭は安住の地ではなかった。義統は子の元明《もとあき》と争っており、重臣たちとの関係も良くなかった。これでは幕府の再興は難しいと判断した義昭は、越前国《えちぜん》（福井県）の朝倉義景《あさくらよしかげ》を頼ることにした。

上杉謙信に加えて義昭が頼りにしていたのが、尾張国《おわり》（愛知県）の織田信長《おだのぶなが》だった。謙信に対する交渉役は大覚寺義俊《だいかくじぎしゅん》（義昭の母方の叔父《おじ》）が担当し、信長に対する交渉役は幽斎が務めている（幽斎の補佐役は和田惟政）。永禄八年に尾張の統一を果たした信長は、同年末には幽斎を通して、義昭に上洛《じょうらく》の意思を伝えていた（「高橋義彦氏所蔵文書《もんじょ》」）。

ところが、この頃の信長は美濃国《みの》（岐阜県）の斎藤龍興《さいとうたつおき》との関係が悪化しており、上洛するには斎藤氏と和睦《わぼく》を結ぶ必要があった。この和睦を仲介したのが義昭であり、幽斎が交渉役を担当した。永禄九年二月以前から、幽斎は信長と龍興の間を取り持ったと考えられ、おおむね同年四月には両者の休戦協定が成立した。

義昭は休戦協定の成立を大いに喜び、幽斎と和田惟政に手紙を送ったが、そこからは信長の上洛を心待ちにした様子がうかがえる（「和田文書」）。信長の上洛が具体性を帯びてきたのは、同年六月のことだった。その後、信長の上洛計画は現実的な動きを見せる。奈良興福寺多聞院《たもんいん》主・英俊《えいしゅん》の日記『多聞院日記』によると、信長が義昭を推戴《すいたい》し上洛するのに、同年八月二十二日を予定していたと記されている。

しかし実際には、信長は予定の日に上洛をすることなく、同年八月二十九日に美濃へ攻め込んだ。信長と龍興との和睦を取り持った義昭にとって、信長の行動は青天《せいてん》の霹靂《へきれき》だった。結局、信長の上洛はご破算になったのだ。失意の義昭は、永禄九年末頃に一乗谷《いちじょうだに》（福井市）の朝倉氏に庇護《ひご》を求めたが、義景が上洛に積極的だったかどうかはよくわからない。このとき、越前国において、幽斎は明智《あけち》光秀《みつひで》と出会ったといわれている。

◇明智光秀との邂逅

義昭が上洛のために奔走《ほんそう》していた頃、すでに明智光秀は越前国の朝倉義景に仕えていたという。光秀が朝倉氏に仕えたとされる根拠史料は、後世の編纂物《へんさんぶつ》『明智軍記』、『綿考輯録《めんこうしゅうろく》』である。以上の史料に基づき、ごく簡単に経緯などを触れておこう。

光秀は父を失ってからのち、各地を遍歴しており、弘治《こうじ》二年（一五五六）に訪れたのが越前国であった。光秀は越前国にとどまり、義景から五百貫文《かんもん》の知行《ちぎょう》で召し抱えられた。光秀は義景から命じられるままに鉄砲の演習を行い、その見事な腕前から鉄砲寄子《よりこ》百人が預けられたという。光秀の軍事に対する高い才覚は、義景に評価されたのだ。大抜擢《ばってき》である。ただし、光秀が朝倉氏の家臣だったという一次史料は、一点もない。

幽斎と光秀の邂逅《かいこう》についても一次史料がなく、『綿考輯録』や『明智軍記』などの記述を頼るしかない。

仮に、光秀が越前に滞在していたとするならば、二人が出会ったのは、幽斎が義昭とともに越前国を訪れた永禄九年（一五六六）末以降のことになる。『光源院殿御代当参衆《こうげんいんどのごだいとうざんしゅう》幷《ならびに》足軽以《あしがるい》下覚書《かおぼえがき》』によると、幽斎は室町幕府の御供衆に列していた。同じ史料に足軽衆《あしがるしゅう》として記載のある「明智」と同一人とみなされる光秀よりも、はるかに身分は高い。

光秀は幽斎と会うなり、「このまま越前にいても朝倉氏は当てにならない。尾張・美濃を領する織田信長は今にも近江を併呑《へいどん》する勢いである。信長を頼るべきである」と述べ、熱心に勧めたという（『綿考輯録』）。光秀は諸国を回遊して情報収集をしており、あらゆる情報に通じていたようだ。

この逸話を見る限り、当時、朝倉氏の厚い信任を得ていた光秀は、幽斎と対等の関係にあったかのような印象を受ける。しかし、光秀の死後の諸記録によると、決してそうではなかったように思える。

『多聞院日記』天正《てんしょう》十（一五八二）年六月十七日条には、「光秀は細川幽斎の中間《ちゅうげん》だったのを信長から引き立てられた。光秀は中国征伐《せいばつ》（毛利《もうり》氏征伐）の際に、信長の厚恩により派遣された。しかし、光秀は信長の大恩を忘れ、曲事《きょくじ》（けしからんこと。この場合は信長を急襲したこと）をしでかした。天命《てんめい》（光秀が横死《おうし》したこと）とはこのことだ」と書かれている。

この記述には、光秀は幽斎の中間だったとある。中間とは侍身分の中でも、さまざまな雑務を担う下層に属していた。もっとも、英俊は光秀の中間という身分について、明確な根拠をもとに書いたわけではないだろう。当時の人々の間では、光秀はもともと幽斎の中間だったという風聞が流れていたので、それを書き留めたに過ぎないとも思われる。

また、『遊行《ゆぎょう》三十一組　京畿《けいき》御修行記《おんしゅぎょうき》』という史料により、光秀が越前国で牢人《ろうにん》生活を送っていた可能性は高いとされるが、朝倉氏の家臣であったかどうかは疑問が残る。幽斎が光秀と越前で邂逅したことも、十分な史料的な裏付けがないので、はっきりとしたことはいえない。

◇「本能寺の変」と幽斎

永禄十一年（一五六八）九月、将軍・足利義昭を擁《よう》して、信長はついに入洛した。こうして義昭の望みどおり、晴れて室町幕府は再興されたが、やがて信長と義昭は路線をめぐって対立するようになる。元亀《げんき》四年（一五七三）二月、義昭は信長に対して挙兵したが、信長の圧倒的な軍事力に屈した。結局、義昭は紀伊《きい》国（和歌山県）などに逃亡しつつ、天正四年（一五七六）に毛利氏を頼って、備後《びんご》国鞆《とも》（広島県福山市）に移った。

このとき、義昭にとって大誤算となったのが、幽斎の離反だった。元亀四年二月二十三日、信長は幽斎に書状を送り、義昭の動向について何回も種々の情報を提供してくれたことに礼を述べている（「細川家文書」）。提供した情報の中身は不明であるが、おそらく義昭の考えや決別後の予定・計画といったトップ・シークレットが幽斎から漏《も》れていたに違いなく、衝撃は大きかっただろう。同年七月、幽斎は一連の功績を信長に認められ、桂川西地の一職《いっしき》支配（郡などの地域的支配権）を認められ、同時に長岡姓を名乗った。

その後、幽斎は信長のもとで各地を転戦し、天正八年（一五八〇）には丹後《たんご》国（京都府）を与えられて入国。また、天正六年（一五七八）には長男・忠興《ただおき》の妻として、光秀の娘・ガラシャ（玉《たま》）を迎えるなど、ここまでは順風満帆《じゅんぷうまんぱん》だった幽斎だが、天正十年（一五八二）六月の「本能寺《ほんのうじ》の変」で明智光秀が織田信長を討《う》ったことで、窮地《きゅうち》に陥ることとなる。

信長を謀殺《ぼうさつ》した光秀がもっとも頼りにしたのは、幽斎・忠興父子だった。先述のとおり、忠興は光秀の娘・ガラシャを妻として迎えていたのだから当然だろう。天正十年六月九日、光秀は三ヵ条から成る覚書を送った（「細川家文書」）。内容は次のとおりである。

①光秀は幽斎・忠興父子が髷《まげ》を切ったことに対して、最初腹を立てていたが、改めて二人に重臣の派遣を依頼するので、親しく交わってほしいこと。

②光秀は幽斎・忠興父子に摂津《せっつ》国（大阪府・兵庫県）を与えようと考えて、上洛を待っていた。ただし、若狭国を希望するならば、同じように扱うので、遠慮なく申し出てほしいこと。

③光秀が信長を殺したのは忠興を取り立てるためで、それ以外に理由はない。五十日百日の内には、近国の支配をしっかりと固め、それ以後は明智光慶《みつよし》（光秀の子）と忠興にあとのことを託し、光秀は政治に関与しないこと。

ここからは、とにかく光秀の「味方になってほしい」との強いメッセージを読み取ることができる。

問題は③である。

光秀は一連の行動は娘婿の忠興のためであったと話をすりかえ、畿内を平定のうえは政治から退き、明智光慶と忠興にあとのことを任せると言い訳をしている。味方が少なく窮地に追い込まれた光秀は、何が何でも幽斎・忠興父子を味方に引き入れなくてはならなかった。光秀には政権構想や政策もなく、変後にあたふたとしている様子がうかがえる。

結局、光秀のクーデターは失敗、羽柴《はしば》（豊臣《とよとみ》）秀吉《ひでよし》に討《う》たれた。変後、ガラシャは謀反人《むほんにん》の光秀が父だったことを憚《はばか》り、夫の忠興によって、丹後国味土野《みどの》（京都府京丹後市）に幽閉されたとされてきたが、近年、ガラシャが幽閉されたのは丹後国味土野ではなく、丹波《たんば》国船井郡三戸野（京都府京丹波町）が妥当であろうとする新説もあらわれている。

その後の幽斎は秀吉に仕え、子の忠興とともに各地を転戦した。天正十五年（一五八七）の九州征伐《せいばつ》後、薩摩《さつま》島津《しまづ》氏の仕置きにもかかわった。この間、秀吉から山城《やましろ》国（京都府）、大隅《おおすみ》国（鹿児島県）に所領を与えられ、近侍して寵《ちょう》を受けた。そして、秀吉が慶長《けいちょう》三年（一五九八）八月に死去すると、子の忠興ともども、徳川家康《とくがわいえやす》に接近するようになった。

◇「関ヶ原合戦」と「田辺城の戦い」

慶長五年（一六〇〇）五月二十九日、幽斎は京都を発ち、丹後田辺城（京都府舞鶴市）へ下向《げこう》した。毛利輝元《もうりてるもと》と石田三成《いしだみつなり》が決起したのは、その約一ヵ月半後のことで、幽斎は子の忠興ともども家康方の東軍に属して戦う。

同年七月、幽斎は田辺城にわずか五百人という手勢だけで籠城《ろうじょう》した。忠興の弟・幸隆《ゆきたか》と従兄《いと》弟《こ》の三淵光行《みつゆき》が城に残ったものの、忠興は会津の上杉景勝《かげかつ》討伐に従軍し不在。ガラシャは大坂の細川邸にとどまっていたが、西軍の人質になることを拒否して死を選んだ。

同年七月十九日、田辺城は西軍の軍勢に囲まれた。西軍の面々は丹波、但馬《たじま》国（兵庫県）の諸大名を中心とする一万五千という大軍だった。幽斎は少数ながらも西軍の攻撃をよく防いだが、それには大きな理由があった。西軍から積極的な攻撃がなかったのである。当時、包囲軍の中には和歌や連歌《れんが》に関心を持つ武将が多く、幽斎の弟子も存在したといわれている。

田辺城攻撃に参加した西軍の諸将は、三成に命じられて、しぶしぶ従った可能性がある。逆らった場合は、逆に討伐される可能性があるからだ。積極的に攻撃しなかったのは、そういう背景があったからだろう。戦後、小野木重勝《おのぎしげかつ》などの主導的な役割を果たした一部の大名を除き、大半は許されていることからも、そうした事情を察することができる。

このとき、後陽成《ごようぜい》天皇は幽斎が討死《うちじに》したならば、古今伝授の伝承者がいなくなるのを心配した。元亀《げんき》三年（一五七二）、幽斎は三条西実枝《さんじょうにしさねき》から古今伝授を受けていた。二条歌学の正統を伝えるのは、幽斎だけだったのだ。攻城戦を知った天皇は幽斎に開城を勧めるため、使者を田辺城に派遣したものの、これは拒否された。慶長五年九月三日、天皇は幽斎を救うべく、勅使《ちょくし》として幽斎の歌道の弟子・三条西実条《さねえだ》らを東西両軍に派遣して講和を命じた。

結局、幽斎は勅命《ちょくめい》に従って講和を決意し、九月十三日に田辺城を明け渡した。そして、西軍の前田茂勝《まえだしげかつ》の居城・丹波亀山城（京都府亀岡市）に連行され、その後、高野山《こうやさん》に向かった。この間、西軍の一万五千の兵は田辺城に釘付《くぎづ》けとなったので、田辺城開城の二日後に勃発した「関ヶ原合戦《せきはら》」に出陣することができず、結果的に幽斎の籠城が東軍の勝利に繋がったという。

戦後、子の忠興は軍功を賞され、豊前国小倉《ぶぜんこくら》（福岡県北九州市）などに三十九万九千石《ごく》を与えられた。一方、幽斎の晩年はあまり知られていないが、京都で過ごしていたことは明らかである。京都で亡くなったのは慶長十五年八月二十日。享年《きょうねん》七十七。

幽斎は和歌に優れた教養人という印象が強い反面、合戦での華々しい活躍の逸話には乏しい。しかし、時代の転換点において、主従関係や姻戚《いんせき》関係にとらわれず、的確な判断をしたことは注目に値する。

幽斎はその生涯で、信長、秀吉、家康という三人の天下人《てんかびと》に仕えた。

最初の主君の足利義昭は人望がなく、各地の大名に支援を呼び掛けたが、積極的に応じる者はなかった。また、明智光秀も信長を討伐後、高山氏、筒井氏、中川氏らに支援を呼び掛けたが、誰も応じなかった。幽斎は情に流されず、冷徹なまでに合理的な判断を下す男だったから、彼らを見限り、激動の世を生き抜くことができたのだ。

その背景には、和歌や連歌を通じた公家・武家との交流があったと推測される。豊かな人脈から正しい情報を得て、いずれに与《くみ》するのか決定したのだ。それゆえ田辺城の籠城戦で窮地に陥っても、東軍が勝つと信じ、安易に妥協して西軍に屈しなかったのだろう。

つまり、幽斎は正しい情勢判断に長《た》け、インテリジェンスに重点を置くことにより、戦国の世をしたたかに生き抜いたといえるだろう。純粋な細川一族とは断じがたい幽斎ではあるが、その出自はどうあれ、自らの細川家をその後の繁栄へと導いた功労者だったことは疑いようのない事実なのである。

第3章

源氏・平氏で「権威付け」

織田氏

「平氏末裔説」の真偽と一族内での権力闘争

◇織田一族と桓武平氏

織田《おだ》信長《のぶなが》といえば、「桓武《かんむ》平氏《へいし》の流れを汲《く》む」と考えている方が多いと思う。ここでは、織田氏が本当に桓武平氏の子孫なのかを考えながら、織田氏について見ていくことにしよう。

織田氏の系図は、『織田系図』（『続群書類従《ぞくぐんしょるいじゅう》』第六輯《しゅう》上）、『系図纂要《けいずさんよう》』などが伝わっている。『織田系図』は尾張法華寺《おわりほっけじ》（愛知県稲沢市《いなざわ》）に所蔵するもので、元禄《げんろく》九年（一六九六）に大和戒重藩《やまとかいじゅう》（奈良県桜井市）主の織田長清《ながきよ》が書写を命じたという。『系図纂要』は幕末の国学者・飯田忠彦《いいだただひこ》がまとめた系図集である。

それらの系図を見ると、織田氏の先祖が平資盛《たいらのすけもり》（重盛《しげもり》の次男）になっていることに気付く。つまり、織田氏の先祖が桓武平氏であるということである。では、具体的にどのようなことが書かれているのか、その概要をもう少し詳しく説明しておこう。

元暦《げんりゃく》二年（一一八五）の「壇《だん》ノ浦《うら》の戦い」において、平資盛は亡くなった。資盛には寵妾《ちょうしょう》がおり、親真《ちかざね》という子がいた。親真は母とともに近江《おうみ》国津田郷《つだごう》（滋賀県近江八幡市《おうみはちまん》）に逃れ、母は豪族と結婚した。ある時、越前《えちぜん》国織田荘《おたのしょう》（福井県越前町）の神官が親真のもとを訪れ、養子としてもらい受けた。その後、親真は神職を継ぎ、織田氏の祖となったというのだ。

親真が、資盛の正室ではなく、寵妾の子であるというのがポイントだろう。のちに織田氏は越前や尾張などの守護《しゅご》・斯波《しば》氏に仕え、守護代《しゅごだい》を務めたのだから、話の辻褄《つじつま》は合う。そして、信長は、この親真の十七代目の子孫であるといわれている。このように、主にこれら二つの系図によって、織田一族は桓武平氏の流れを汲むといわれてきたのだ。

しかし、一般論でいえば、系図史料は先祖を顕彰《けんしょう》するために作成されることもあるので、ただちにこの説を受け入れるわけにはいかないだろう。天下人《てんかびと》になった信長が、その身分にふさわしい一族を先祖としようとしたと考えてもおかしくない。実際のところ、右の説を裏付けるたしかな根拠史料がほかにないのが実情である。

◇『美濃路紀行』に見る平氏との関係

『織田系図』や『系図纂要』は、近世に成った系図であるが、それ以前から織田氏の先祖は平氏だったという説は流布していた。僧侶の兎庵《とあん》による『美濃路《みのじ》紀行』には、天正《てんしょう》元年（一五七三）九月に岐阜を訪れた記録がある。そこには信長の家系について、次のように書かれている。

源氏《げんじ》（室町将軍・足利義昭《あしかがよしあき》）の権勢もだんだん衰える時期が到来した。天下に信長公になびかない草木がないありさまは、先代にもその例を聞いたことがない。織田家の本系を探ってみると、平重盛の次男（資盛）の後胤《こういん》なので、暑往寒来《しょおうかんらい》（暑さが去って寒さが来る）のが当然のことのように、今四百年の昔に遡《さかのぼ》って、平氏が再び栄える世になると思う。

右の記述内容からは、信長が隆盛をきわめつつあった同時代においても、織田氏の祖が平資盛つまり桓武平氏だったという認識が認められる。源氏である足利義昭が衰退し、平氏の信長が台頭したという認識である。これは、信長が意図的に流したものなのかどうか、今となってはわからないが、現段階において右の記述は、当時におけるただの噂《うわさ》に過ぎないと考えられている。はっきりといってしまえば、虚偽ということになろう。したがって、織田氏の先祖が平氏であったという説は、誤りとして退けられているのだ。

織田氏の先祖は七条院《しちじょういん》領織田荘の荘官であり、同荘内の織田劔《つるぎ》神社の神官だったという説もある。この説では、織田氏の本姓は忌部《いんべ》氏であると指摘されている。劔神社は敦賀《つるが》郡伊部《いべ》郷に所在し（『和名類従抄《わみょうるいじゅしょう》』郷里部）、それは越前町織田《おた》地区あたりにあったという。伊部は「忌部」に同じことで、織田の社司は忌部氏だったとされる。

織田荘に関しては不明な点が多いものの、本領主が公家の高階宗泰《たかしなのむねやす》だったこと、のちに同荘は禁裏《きんり》（皇室）領から妙法院《みょうほういん》領になったことが判明する。織田荘の中心には劔神社があり、その祀官《しかん》が豪族的存在で荘官を務めていたという。天正元年（一五七三）の越前国の朝倉《あさくら》氏の滅亡後、信長配下の木下祐久《きのしたすけひさ》が劔神社に宛てた書状には、劔神社は織田家の氏神《うじがみ》だったと書かれている（「劔神社文書」）。

ほんとうの先祖は、いったい誰なのか。

◇藤原姓を名乗る信長、平姓を名乗る信長

織田氏の一族が発給した禁制などの文書《もんじょ》を見ると、奇妙なことに気付く。永正《えいしょう》十五年（一五一八）一月、尾張国下《しも》四郡の守護代・織田達勝《みちかつ》は、円福寺《えんぷくじ》（名古屋市熱田《あつた》区）に禁制を与えた（「円福寺文書」）。そこには、「藤原《ふじわらの》達勝」と署名されている。

それだけではない。天文《てんぶん》二十二年（一五五三）六月吉日付の「菅原道真画像墨書銘《すがわらのみちざねぼくしょめい》」には、「藤原織田勘十郎《かんじゅうろう》」とある（「熱田神宮所蔵文書」）。「藤原織田勘十郎」とは、信長の弟の信勝《のぶかつ》（信行《のぶゆき》）のことで、藤原姓で書かれている。この事実をもってすれば、織田氏は桓武平氏ではなく、藤原氏の流れを汲むと考えるのが妥当だろう。

氏《うじ》と名字については、序章で説明したとおりである。そもそも氏とは、天皇から与えられる

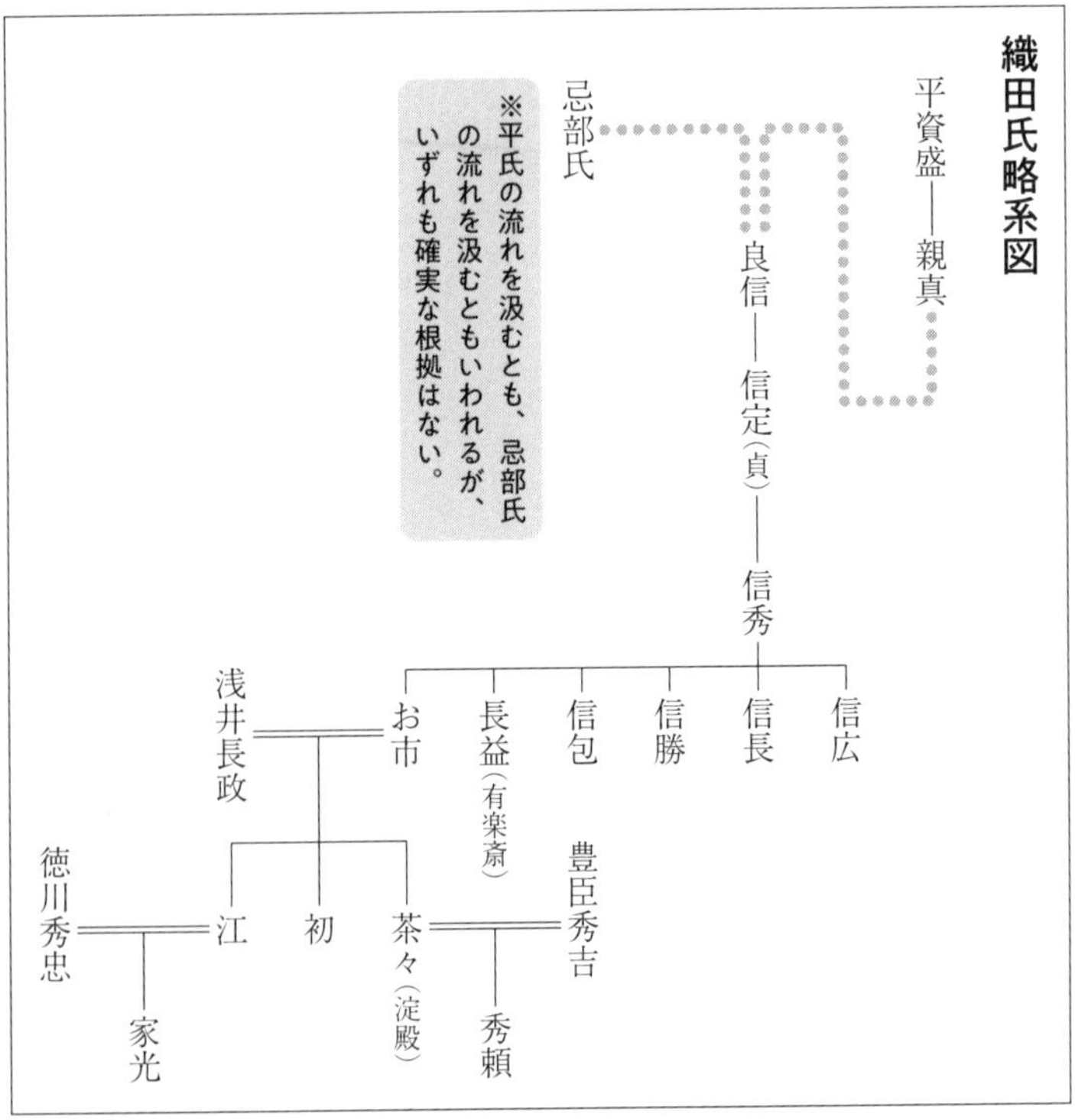

もので、「源平藤橘《げんぺいとうきつ》」（源氏《げんじ》・平氏《へいし》・藤原《ふじわら》氏・橘《たちばな》氏）が有名である。しかし、同じ氏の者が増えていくと区別がつかなくなり、混乱するのは明らかだ。そのような事情から、武将らは本拠とした土地の名を名字にする。たとえば、足利氏は氏が「源」であるが、名字は下野《しもつけ》国足利荘（栃木県足利市）に由来する「足利」とした。

実は、信長自身も天文十八年（一五四九）十一月に熱田八ヵ村に宛てた禁制では、「藤原信長」と署名している

（「加藤文書」）。つまり、信長も藤原姓が本姓であることを認めているわけだ。この禁制の書止《かきとめ》文言《もんごん》（文書の末尾の文言）は「仍執達如件」（よってしったつくだんのごとし＝〇〇の命ずるところ）なので、長らく「誰の意を奉じた奉書《ほうしょ》なのか」という議論があった。しかし、この禁制には奉書文言《もんごん》（上位者の意向を伝える文言）が見られないので、信長自身の意で発給した判物なのはたしかである。では、いつ頃から、信長は平姓を名乗るようになったのか。

大師堂《たいしどう》（岐阜県郡上市《ぐじょう》）所蔵の銅製鰐口《わにぐち》（県指定文化財）には、表面に「元亀《げんき》二年（一五七一）辛未六月吉日」、裏面に「信心大施主　平信長」の銘文が刻まれている。この頃には、信長も平姓を使っていたようであるが、その理由は明らかではない。

天正二年（一五七四）三月二十八日、信長は従三位《じゅさんみ》に叙された。信長が四十一歳のときである。朝廷に仕えた三位《さんみ》以上の高官の名を記した職員録である『公卿補任《くぎょうぶにん》』には、「平信長」と書かれている。この時点において、信長は公式に藤原姓を捨て、平姓に変えたと考えられる。というのも、『歴名土代《りゃくみょうどだい》』（中世における四位《しい》・五位の叙位録）には、藤原姓から平姓に変わったように記されているからだ。

このように、信長は途中から平姓を用いていたが、その理由を示した明確な史料はない。かつて、信長が藤原姓から平姓に改姓したのは、源平《げんぺい》交代思想を利用するためだったという説が提唱された。源平交代思想とは、源氏と平家が交代して政権を担うという思想だ。鎌倉時代は、将軍家の源氏から執権《しっけん》の北条氏《ほうじょう》（平姓）に変わった。そして、戦国時代は、足利氏（源姓）から織田氏（平姓）に政権が変わるという発想である。信長は天下統一を行うに際して、源氏である室町幕府の足利将軍に代わるため、あえて平姓に改姓したということになろう。

しかし、当時の人々が源平交代説思想を本当に信じていたのかは不明である。したがって、現時点では懐疑的な意見が多い。なお、明智光秀《あけちみつひで》が「本能寺《ほんのうじ》の変」で信長を討《う》ったのは、源氏である光秀（土岐《とき》明智氏は源氏）が世を乱す平姓将軍（信長）の出現を阻むためだったという説があるが、第4章で見るとおり、光秀が土岐明智氏の流れを汲むことを証拠付ける確実な根拠はなく、受け入れがたいものである。

◇中興の祖・信秀

織田氏は尾張国守護を務め、管領《かんれい》でもあった斯波氏のもとで、尾張国守護代を務めていたことが明らかになっている。

最初に守護代を務めたのは、織田伊勢入道常 松《いせにゅうどうじょうしょう》（常昌）であり、その発給文書は少なからず残っている。常松は、応永《おうえい》九年（一四〇二）に前任の甲斐将教《かいゆきのり》（祐徳《ゆうとく》）と交代で、その職に就いた。常松が亡くなったのは、永享《えいきょう》三年（一四三一）三月以前であるといわれている（『建内記《けんないき》』）が、それ以外の詳しい経歴は不明である。

その後、織田一族は尾張国内で勢力を伸ばしたが、十五世紀半ば頃に守護代家は二つの系統に分かれた。伊勢守敏広《いせのかみとしひろ》は岩倉城《いわくら》（愛知県岩倉市）に本拠を置き、尾張北部の上半国《かみはんごく》四郡を支配した。一方、大和守敏定《やまとのかみとしさだ》は清須城《きよす》（同清須市）に本拠を置き、尾張南部の下《しも》半国四郡を支配した。同じ頃、守護の斯波氏は家中の分裂により、徐々に威勢を失っていき、大和守家のもとで庇護《ひご》される形になった。

信長の家系は、伊勢守家、大和守家のいずれでもなかった。大和守家のもとには、「清須三《さん》奉行《ぶぎょう》」として実務を担う三人の奉行人がいた。信長の父・信秀《のぶひで》は、その三人の奉行人の一人にすぎず、弾正忠《だんじょうのちゅう》を官途《かんと》としていたので、弾正忠家と称された。つまり、信長の家系は、守護代のその下の奉行だったことになる。

信秀は、永正八年（一五一一）に信定《のぶさだ》の子として誕生した。信秀が家督《かとく》を譲られたのは、大《だい》永《えい》六年（一五二六）四月から翌年六月までの間と考えられている。まだ十代半ばの若さだった。信秀は清須城の西にある、勝幡《しょばた》（愛知県稲沢市から愛西《あいさい》市にまたがる地域）に本拠を定めていた。同地は、水上交通における要衝《ようしょう》の地として知られており、経済的に豊かな地域だった。

天文年間に至ると、信秀は、先述した尾張国の清須三奉行から身を興し、やがて主家である守護代の大和守家を圧倒する。当時の織田家は混乱期にあり、岩倉城の織田伊勢守と清須城の守護代家とが互いに尾張半国を支配し対抗する関係にあった。この混乱に乗じて、守護代配下の三奉行の力が強大化したのである。やがて信秀はその中から抜け出し、主家を凌《しの》ぐ勢力を持つようになった。つまり、信秀は一族間との激しい競争を勝ち抜いたのだ。

信秀権力の源泉は、勝幡城近くの津島《つしま》社の門前町や港町として繁栄していた津島だ。信秀はここを支配したことにより、経済力をつけた。こうして次第に、信秀は他の織田一族を凌駕《りょうが》していき、居城を那古野《なごや》（名古屋市中区）、古渡《ふるわたり》（同中区）、末森《すえもり》（同千種《ちくさ》区）へと移動しながら、勢力を伸ばした。古渡城に拠点を移したのは、天文八年（一五三九）のことだ。経済的基盤となったのは、熱田神宮の門前町、港町でもある熱田だ。その前の拠点だった那古野城は、子の信長に譲った。

◇信秀から信長への継承

信秀は、伝統と権威を尊重していた。たとえば、天文二年（一五三三）七月に京都から蹴鞠《けまり》の宗家《そうけ》・飛鳥井雅綱《あすかいまさつな》を招き、公卿《くぎょう》の山科言継《やましなときつぐ》も交えて勝幡城で蹴鞠会を催した。続けて清須城に場所を移し、多くの客や見物人を集め、連日のように蹴鞠会を開催した。信秀は、京都の文化にも敏感だったのである。

信秀は伊勢外宮《げくう》に銭七百貫《かん》、禁裏築地《ついじ》（御所を囲む塀）修理料として四千貫を献上し、中央権力へも積極的に接近した。これにより後奈良《ごなら》天皇から綸旨《りんじ》を与えられ、勅撰集《ちょくせんしゅう》の一つ『古今《こきん》集』が下賜《かし》された。信秀は、教養豊かな人物でもあった。天皇家に対する信秀のこうした忠誠心は、子の信長にも引き継がれたのだ。

信秀は勢力拡大のため、積極的に国外へ打って出た。三河国《みかわ》（愛知県）の松平氏《まつだいら》とたびたび交戦し、天文九年（一五四〇）には西三河の安祥城《あんじょう》（愛知県安城市《あんじょう》）を攻略し、子の織田信広《のぶひろ》を城主とした。天文十六年（一五四七）になると、信秀は松平氏の当主・広忠《ひろただ》を降伏に追い込んだ。

その五年前の天文十一年（一五四二）には駿河国《するが》（静岡県）の戦国大名である今川義元《いまがわよしもと》と小豆坂《あずきざか》（愛知県岡崎市）で戦った。さらに美濃国《みの》（岐阜県）の斎藤道三《さいとうどうさん》とも交戦し、両勢力の尾張進出を食い止めた。天文十三年（一五四四）、信秀は斎藤氏に敗北するが、のちに道三の娘・濃姫《のうひめ》と信長を婚姻《こんいん》させることにより和睦《わぼく》したのである。

天文十七年（一五四八）には、一族の織田信清《のぶきよ》（犬山《いぬやま》城主。愛知県犬山市）、織田寛貞《とおさだ》（楽田《がくでん》城主。同上）が謀反《むほん》を起こすものの、これを鎮圧することに成功した。

天文十八年（一五四九）三月になると、今川義元は信秀を討伐《とうばつ》すべく、家臣で禅僧《ぜんそう》の太原雪《たいげんせっ》斎《さい》を将として約一万の軍勢を編成し、織田方の手に落ちた安祥城に送った。城主の信広は奮戦し、その攻撃を一度は退けたが、今川氏は同年九月に再出陣した。安祥城へ織田家の家臣・平《ひら》手《て》政秀《まさひで》が援軍として向かったが、安祥城は同年十一月に落とされたのである。

天文二十年（一五五一）三月三日、信秀は末森城で没した。葬儀は萬松寺《ばんしょうじ》（名古屋市中区）で行われ、僧侶三百人が参列した壮大なものだったと伝わる。没年については、天文十八年、同二十一年（一五五二）説もある。

信秀の死後、満を持して家督を継承したのが信長である。信長が大きく飛躍できたのは、本人の能力もさることながら、信秀が十分に基礎作りをしてくれたからだった。

徳川氏

〝源〟家康が〝藤原〟家康と名乗った裏事情

◇はっきりしない徳川氏の祖

織田信長《おだのぶなが》、豊臣秀吉《とよとみひでよし》に続いて天下人《てんかびと》となった徳川家康《とくがわいえやす》の先祖は、三河松平氏《みかわまつだいら》である。三河松平氏は、清和源氏《せいわげんじ》の流れを汲《く》む新田義重《にったよししげ》を祖とするといわれるが、その歴史には不明な点が多く、史実を明らかにし難い面がある。以下、謎多き三河松平氏の流れを確認していこう。なお、特に断らない限り、『三河物語』、『武徳大成記《ぶとくたいせいき》』、『徳川正統記』、『徳川記』、『尊系略《そんけいりゃく》』など、後世に編まれた二次史料に拠《よ》ったことをあらかじめ申し述べておきたい。

松平氏の始祖は親氏《ちかうじ》といい、上野国《こうずけ》徳川郷《ごう》（群馬県太田市）に誕生した。やがて、親氏は流浪の旅へと出て、時宗《じしゅう》の僧侶になって「徳阿弥《とくあみ》」と号し（以後も親氏で統一）、三河国松平郷（愛知県豊田市）の松平左衛門尉《さえもんのじょう》の家に婿《むこ》入りした。これが、松平姓を名乗った根拠である。親氏は武略《ぶりゃく》に優れ、慈悲深かったので、徐々に勢力を拡大していったというが、諸書によって記述が異なっているので、注意が必要である。

徳川氏略系図

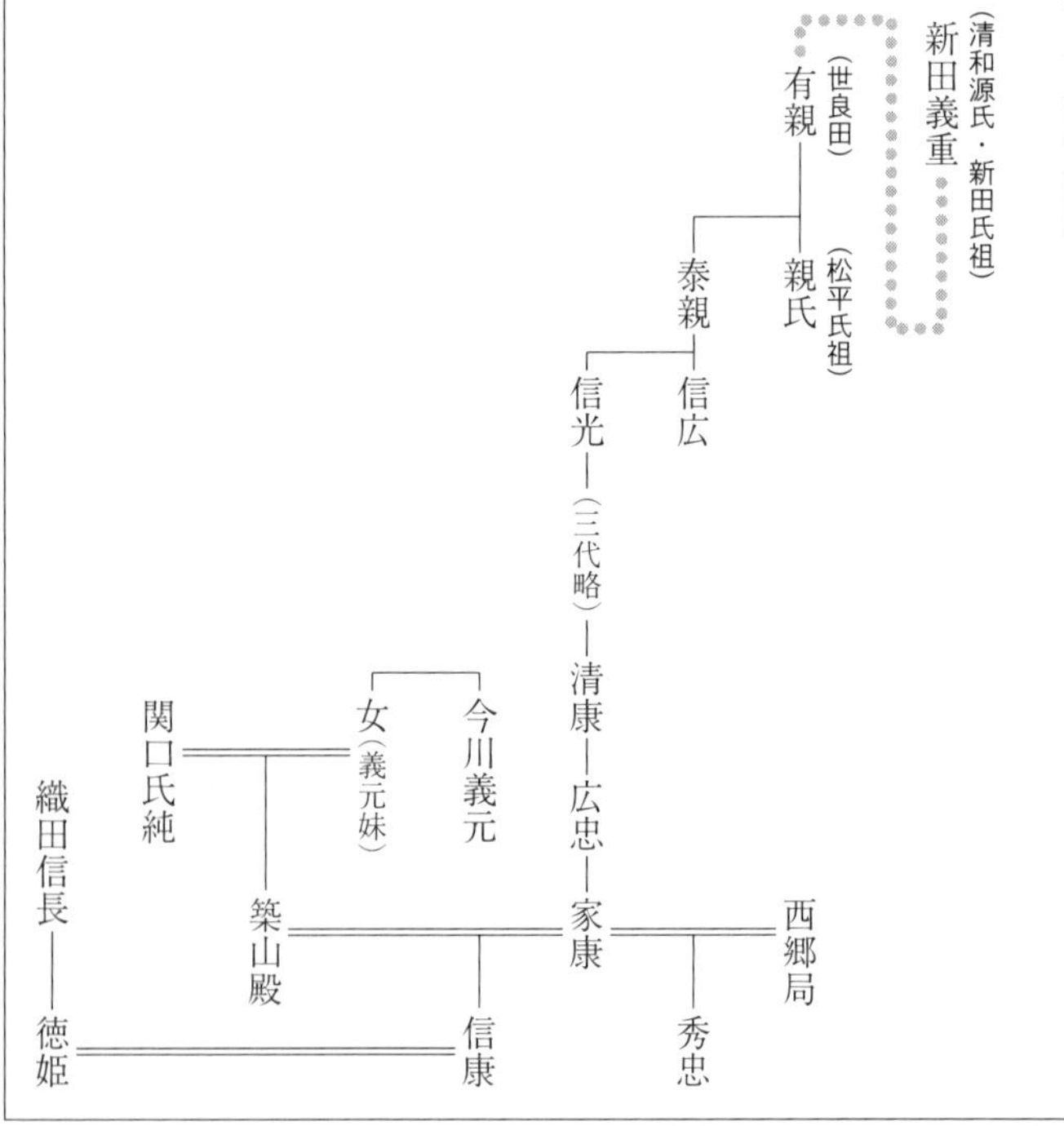

親氏が徳川郷を出た時期は、延文《えんぶん》二年（一三五七）から永《えい》享《きょう》十二年（一四四〇）まで諸説あるが、約八十年もの開きがある。親氏と旅をともにしたのは、父の世良田有親《せらだありちか》という説と弟の泰親《やすちか》という説がある。泰親を親氏の子とする系図もあるが、今は弟説が有力である。親氏が出家した場所は、三河という説もあれば、時宗寺院の清浄光寺《しょうじょうこうじ》（神奈川県藤沢市）といった説もある。また、親氏が亡くなった年月日についても、康安《こうあん》元年（一三六一）から応仁《おうにん》元年（一四

六七）まで諸説ある。

親氏の死後、松平家を継いだのが弟とされる泰親である。泰親の生没年にも謎が多く諸説ある。生年は貞治《じょうじ》三年（一三六四）から文安《ぶんあん》元年（一四四四）までの説があり、没年も永和《えいわ》二年（一三七六）から文明《ぶんめい》四年（一四七二）までさまざまだ。名前についても、親氏と流浪中には「祐阿弥《ゆうあみ》」と号したと記すほか、松平太郎左衛門《たろうざえもん》、世良田三河守《みかわのかみ》、徳川次郎三郎《じろうさぶろう》と称したなどの説がある。

泰親は松平郷から三河国岩津《いわづ》村に侵攻し、岩津城を築いた。泰親は岩津（愛知県岡崎市）に移ると、松平郷の支配を長男の信広《のぶひろ》に任せた。その後、泰親は岡崎（同前）に進出し、岩津城を次男・信光《のぶみつ》（親氏の子とも）に譲った。松平家の初代・親氏、二代・泰親に関しては、たしかな史料で確認できないことが多く、それは松平家の「伝説時代」といえよう。はっきりと実在が確認できるのは三代目・信光の時代に至ってからであり、ここから松平家の歴史は徐々に明らかになっていく。

◇松平清康と子の広忠

信光から四代下った清康《きよやす》は、永正《えいしょう》八年（一五一一）に誕生した。徳川家康の祖父にあたる人物で、松平氏中興の祖である。後世の記録によると、清康は弓矢の達人である一方、心優しく慈悲深い人物だったといわれているが、松平氏の版図《はんと》拡大に邁進《まいしん》した有能な武将でもあった。

天文《てんぶん》四年（一五三五）十二月、清康は織田氏を攻撃すべく、一万余の軍勢を率いて尾張《おわり》国（愛知県）に侵攻した。清康が着陣したのは、守山《もりやま》城（名古屋市守山区）だった。その後、尾張を本格的に攻略する算段だったのだろう。

十二月五日、清康の本陣で馬が暴れるというアクシデントが起こると、清康の家臣である阿《あ》部《べ》定吉《さだよし》の子・弥《や》七郎《しちろう》が清康を斬《き》り殺した（「守山崩れ」）。弥七郎は父が清康により成敗《せいばい》されたと思い込み、殺害に及んだといわれている。弥七郎が勘違いしたのには、もちろん理由があった。この前夜、弥七郎は父・定吉から流言により、自分が清康から成敗されるかもしれないと聞かされていたからだ。定吉が敵方の織田信定《のぶさだ》らと内通しているという噂《うわさ》が流れていたのである。

弥七郎は、清康の家臣・植村氏明《うえむらうじあき》によってその場で斬殺《ざんさつ》されたものの、清康を失った松平方は、即座に本拠の岡崎へと引き上げたのである。『三河物語』は、「清康が三十歳まで生き長らえていれば、天下を治めることもできたはず」と、その死を悼《いた》んでいる。

「守山崩れ」で清康が横死《おうし》すると、松平家の後継候補となったのが子の広忠《ひろただ》（千松丸《せんまつまる》）である。広忠は、まだ十歳の子どもに過ぎなかったが、今川《いまがわ》氏の配下に与《くみ》することで、何とか命脈を保った。ところが、松平家を不幸が再び襲った。天文十八年（一五四九）三月六日、今度は広忠が、岡崎城内で家臣の岩松八弥《いわまつはちや》に斬り殺されたのである。

広忠が亡くなると、岡崎城は主がいない状態になってしまった。子の竹千代《たけちよ》（家康）は織田氏の人質になっていたからである。こうした情勢を見て、今川義元《よしもと》は家臣の太原雪斎《たいげんせっさい》を岡崎城に派遣し、これを接収した。同年十一月になると、状況に変化が生じた。義元は太原雪斎に命じて、再び三河に大軍を送り込み、安祥城《あんじょう》に攻め込んだ。織田方も必死に応戦したが、十一月九日に落城したのである。

織田方の被害は、当主・信秀《のぶひで》の子である信広《のぶひろ》が捕虜になるなど、単なる落城にとどまらなかった。太原雪斎は竹千代の身柄を奪還すべく、捕虜の信広と交換する条件を織田方に持ち掛けた。この交換交渉は成立し、竹千代は今川方に戻ってきたのである。しかし、竹千代は岡崎に滞在することを許されず、そのまま駿府《すんぷ》（静岡市）へと送られた。義元は岡崎城に代官を派遣し、西三河における拠点を維持しようとしたのである。

◇家康の名前のこと

こうして竹千代は、今度は今川氏のもとでまたもや人質生活を送ることになった。天文二十四年（一五五五）三月、竹千代は元服《げんぷく》し、義元の「元」の偏諱《へんき》を授けられ、「元信《もとのぶ》」と名乗った。この事実については、『松平記』などに書かれているが、まさしく松平氏が今川氏に臣従した証《あかし》だった。

弘治三年（一五五七）一月（あるいは三月）、元信は妻を娶《めと》った。妻の名は築山殿《つきやまどの》といい、今川家の家臣で一族の関口形部少輔《せきぐちぎょうぶのしょう》（氏純《うじずみ》）の娘であった。氏純は家康が元服したとき、理髪《りはつ》（頭髪を整えて成人の髪形に結うこと）を務めた。氏純の妻は義元の妹だったので、築山殿は義元の姪《めい》にあたる。こうして元信は、今川氏一門に準じる扱いの武将となったのだから、その存在がかなり重要視されていたことがうかがえる。

弘治三年五月から永禄《えいろく》元年（一五五八）七月の間に、元信は元康《もとやす》と改名した。「康」の字は、祖父・清康の名から取ったものである（『落穂集《おちぼしゅう》』など）。

今川氏のもとでようやく落ち着いたかに見えた松平氏だったが、永禄三年（一五六〇）の「桶狭間《おけはざま》の戦い」で、こうした状況が一変する。周知のとおり、この戦いで、義元が織田信長に敗れ戦死したのである。その結果、松平氏は今川氏と袂《たもと》を分かち、信長に与することになった。

永禄六年（一五六三）三月、元康の嫡男《ちゃくなん》・竹千代（のちの信康《のぶやす》）と信長の次女・徳姫《とくひめ》との婚約の儀が交わされた。当時、竹千代はまだ五歳と幼かったので、実際に二人が正式に結婚したのは四年後のことだった。こうして元康は信長と同盟を結ぶことにより、三河国における自立した大名としての道を歩む。

さらに同年七月、元康は名を家康と改めた。そもそも元康の「元」の字は、先述のとおり今川義元の偏諱を与えられたものである。改名は、今川氏との関係を絶つという気持ちを広くアピールしたものだった。なお、元康が家康の「家」の字を選んだ理由は明らかではない。一説によると、久松俊勝《ひさまつとしかつ》（元康の母・於大《おだい》の方《かた》の再婚相手）の旧名「長家《ながいえ》」の「家」の字を選んだというが、根拠不詳で説得力に欠ける。「家」の字を選んだ理由は、今後の研究課題だろう。

◇徳川氏改姓の問題

永禄九年（一五六六）十二月、家康は従五位下《じゅごいげ》・三河守《みかわのかみ》に叙位任官され、あわせて松平から徳川に改姓した。実際に勅許《ちょっきょ》を得られたのは翌年一月のことである。

そもそも家康の氏《うじ》は、「源《みなもと》」だった。氏とは、序章でも触れたとおり、天皇から下賜《かし》された姓のことで、名字とは別個のものである。たとえば、足利義満《あしかがよしみつ》は氏が「源」なので、正式には源《みなもとの》義満という。しかし、このとき家康が与えられた口宣案《くぜんあん》（辞令書）には、「藤原《ふじわらの》家康」と書かれていた。なぜ家康は、氏を「源」から「藤原」に改めたのか、まずこの問題を取り上げることにしよう。

叙位任官から三十六年後、慶長《けいちょう》七年（一六〇二）二月二十日付の近衛前久《このえさきひさ》書状（近衛信尹《のぶただ》宛）に改姓の理由のカギを握る事情が記載されている（「近衛家文書」）。以下、その概要をまとめておこう。

正親町《おおぎまち》天皇は、家康を公家として処遇したかったが、武家である家康の家系の徳川では先例がなかった。ところが、徳川には二つの系統があり、惣領《そうりょう》の系統が公家の藤原氏だったという先例が報告された。この情報を知らせたのは、公卿《くぎょう》の吉田兼右《よしだかねみぎ》だった。そこで、家康の氏を「源」から「藤原」に変更することで、右の叙位任官が叶《かな》ったのである。当時は先例を重んじる気風があったので、こうした〃裏技〃を使ったのである。

また、家康の「松平」から「徳川」への改姓は、永禄九年（一五六六）十二月三日付近衛前久書状（誓願寺泰翁宛《せいがんじたいおう》）に事情が書かれている。前久の書状によると、誓願寺（京都市中京区）で納所《なっしょ》（金銭の収支を扱う役）を務めた慶深《けいしん》なる者が、「徳川氏はかつて近衛家に仕えていた」と証言したことが書かれている。つまり、徳川と公家とのかかわりを強調してみせたのである。

この件については、松平姓のままでは叙位任官が困難だったので、武家の名門である新田《にった》氏の流れを汲む得川《とくがわ》氏―世良田氏の末裔《まつえい》を自任した由緒ある名字（徳川）に改姓することにより、叙位任官を認めてもらうよう画策したとも指摘されている。こうして家康は、晴れて公家の仲間入りを果たしたのである。

その後、家康は間を取り持ったお礼に、近衛氏に馬と二十貫文《かんもん》（現在の貨幣価値で約二百万円）を進上したが、これは約束していた二百貫文（約二千万円）をはるかに下回るものだったという。吉田氏に至っては、存命中に約束した馬が献上されることさえなかった。また、朝廷は家康に対して、四方拝《しほうはい》（元日の早朝、宮中で天皇が天地四方の神祇《じんぎ》を拝する儀式）の費用負担を求めた。

ところで、現在のわれわれは「徳川」と表記するが、公家の間では「得川」と書かれるのが一般的だった。先の前久の書状には、「徳川は得川と書くのが根本である。『徳』の字を書くのは、事情があるからだ」と書かれている。実は家康が「徳川」に改姓するまで、書状などに「徳川」と署名した文書はないのはもちろんのことだが、改姓以後もわずか二通の書状を除き、自ら「徳川」と署名した文書もないのである。

松平家といえば、漠然《ばくぜん》と三河の名家だと思われていたが、叙位任官に際しての経緯からもわかるとおり、その出自については不明な点が多く、家康にとっても天下人の階段を登るうえで悩ましい問題だったようである。

赤松氏

村上源氏末裔とされる「悪党」の新たな実像

◇播磨赤松氏の登場

後醍醐《ごだいご》天皇による「元弘《げんこう》の乱」（元弘元年〈一三三一〉）で鎌倉幕府打倒勢力として活躍した赤《あか》松円心《まつえんしん》（則村《のりむら》）や、「嘉吉《かきつ》の乱」（嘉吉元年〈一四四一〉）で室町幕府第六代将軍・足利義教《あしかがよしのり》を暗殺した赤松満祐《みつすけ》らを輩出《はいしゅつ》し、南北朝期から戦国時代にかけて播磨《はりま》国（兵庫県）などを支配したことで知られる赤松氏は、源氏の流れを汲《く》むとされる名族である。しかし、本書で取り上げた他の大名たちと同様、その実態については不明なところが多い。本項ではそのベールに包まれた出自について検証し、現在どのように理解されているかを追っていくこととしたい。

これまで赤松氏の出自に関しては、さまざまな説が提唱されてきた。通説では、赤松氏が村《むら》上源氏《かみげんじ》の流れを汲む悪党《あくとう》（詳細は後述）ということになっている。

赤松氏の家系については、『太平記《たいへいき》』（巻六）に「播磨国ノ住人、村上天皇第七御子具平《ともひら》親王六代ノ苗裔《びょうえい》、従三位《じゅさんみ》季房《すえふさ》ガ末孫ニ、赤松次郎入道円心トテ弓矢取《とり》テ無双《むそう》ノ勇士有リ」という記述がある。

これは、赤松氏が歴史の表舞台へ登場したことを示す非常に有名な場面であり、赤松氏は伊《い》勢《せ》国（三重県）の北畠《きたばたけ》氏と同じく、村上源氏の末裔《まつえい》である、と書かれている。『太平記』には、「人ノ下風《かふう》ニ立《たた》ン事ヲ思ハザリケレバ（中略）名ヲ顕《あらわ》シ忠ヲ抽《ぬきん》バヤト思《おもい》ケルニ」と続きが記されており、赤松円心が野心に満ち溢《あふ》れる人物として描かれている。系図類も含め、これがごく一般的に知られる赤松氏の系譜である。

『太平記』には、赤松氏が佐用荘苔縄《さようのしょうこけなわ》に城を築いたと記されている。苔縄村は千《ち》種川《くさがわ》の中流域、愛宕《あたご》山東麓《やまとうろく》に位置し、現在の兵庫県上郡《かみごおりちょう》町に所在する。佐用荘は佐用郡・赤穂《あこう》郡・宍粟《しそう》郡にまたがる広大な荘園で、九条家《くじょうけ》領であった。佐用荘には赤松村が含まれており、赤松氏が名字の地にしたと考えられる。赤松氏が本拠とした上郡町は、今も中世の趣《おもむき》を残しており、赤松氏の菩提寺《ぼだいじ》の法雲寺《ほううんじ》、宝林寺《ほうりんじ》などの関連史跡が豊富に残っている。したがって、赤松氏の勢力範囲は、佐用郡・赤穂郡を中心とした、西播磨一帯であったと推測される。

村上源氏は、村上天皇の皇子である具平親王の子・師房《もろふさ》が源《みなもと》姓を与えられて始まった。子孫は公家が多く、朝廷に仕えて繁栄を築いた。たとえば、師房と子の俊房《としふさ》・顕房《あきふさ》は、平安時代に絶頂を極めた藤原道長《ふじわらのみちなが》と姻戚《いんせき》関係を結び、左右の大臣を歴任することになった。摂関《せっかん》時代から院政《いんせい》時代にかけて、顕房の系統は朝廷の要職を占めたのである。数ある源氏の中で、村上源氏はもっとも家格が高いといわれている。

顕房の曽孫《そうそん》（ひ孫）・明雲《みょううん》は、平氏全盛期に天台座主《てんだいざす》となり、宗教界で重要な地位を占めた。また、鎌倉初期に活躍した顕房の玄孫《げんそん》（孫の孫）・通親《みちちか》は、京都政界で反鎌倉幕府派の中心人物として知られている。のちに通親は、親鎌倉幕府派で摂関家の九条兼実《かねざね》を失脚させた。通親の子孫は、堀川《ほりかわ》、久我《こが》、土御門《つちみかど》、中院《なかのいん》、六条《ろくじょう》、千種《ちぐさ》、北畠などの諸家に分かれ、朝廷政治を支えていく。中でも嫡流《ちゃくりゅう》である久我家は、摂関家に次ぐ家格を持つ清華家《せいがけ》の一つで、長らく源氏長者の地位を独占した。

冒頭の『太平記』に登場する従三位季房は、『今鏡《いまかがみ》』に右大臣《うだいじん》・顕房の子として登場する。季房は丹波守《たんばのかみ》、加賀守《かがのかみ》を歴任したが、天永《てんえい》二年（一一一一）に播磨国に配流となった。その後の季房の動向は詳《つまび》らかでなく、子孫がどうなったのかも判然としない。後述するとおり、季房から円心に至るまでの赤松氏歴代は一次史料で確認できず、単なる系図上の人物に過ぎない。したがって、赤松氏が村上源氏の末裔にあたるかどうかは、十分な史料的根拠を得られていないのが現状なのである。

本書でも何度か述べてきたように、一般的にいえば、系図はその始祖を天皇や貴族等の貴種《きしゅ》に求めるのが〝常識〟なので、その信憑性《しんぴょうせい》については十分に吟味《ぎんみ》しなくてはならない。赤松氏であっても、それは例外ではない。

◇多種多様な赤松氏の系図

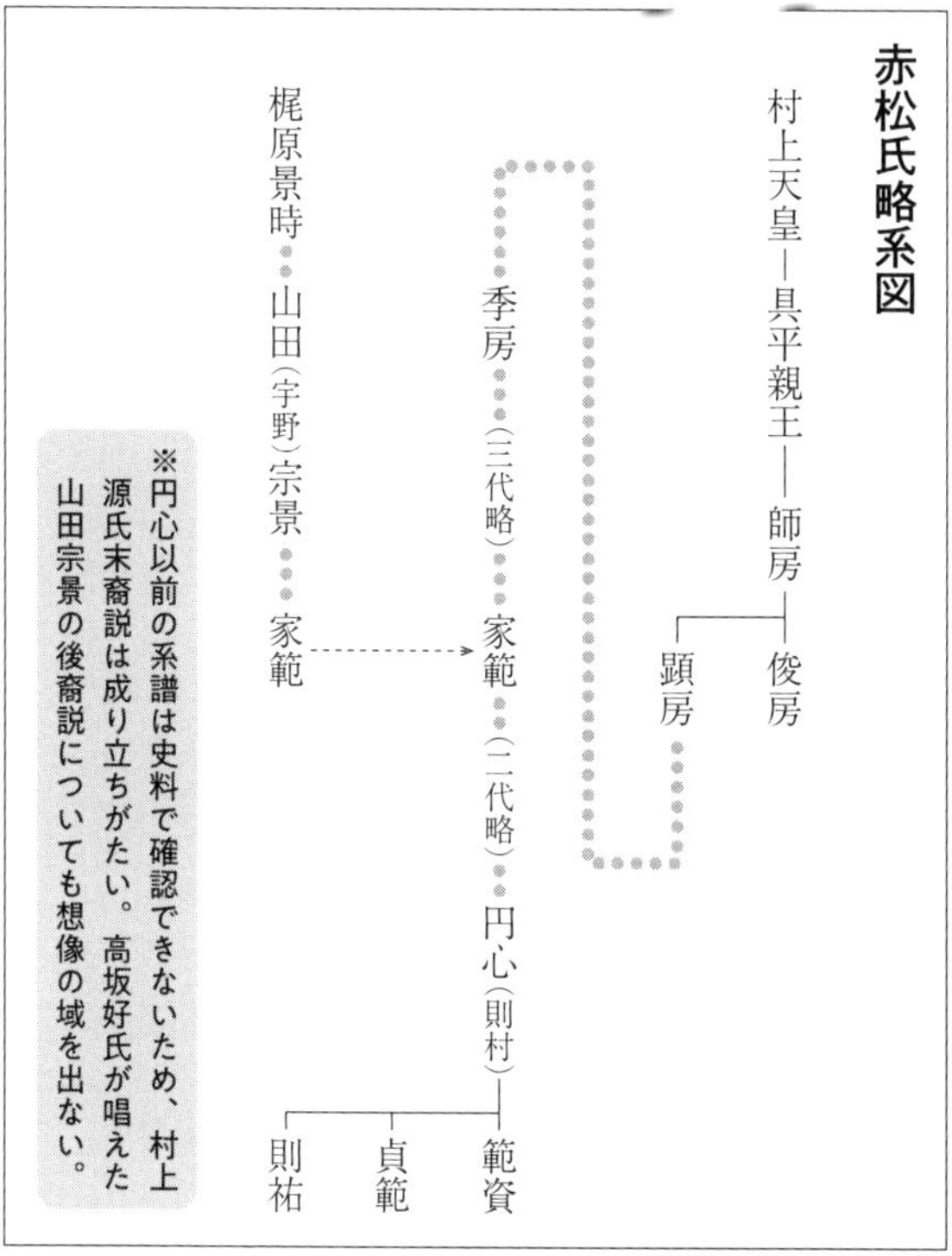

赤松氏が村上源氏の末裔であるということに疑問符が付かざるを得ないことがわかったわけだが、それでは実際のところはどうだったのかを、次に見ていこう。

赤松氏の系図については、実に多種多様なものが伝わっている。たとえば、系図集として数多くの家譜《かふ》を収録する『群書系図部集』(第三巻)には、関係する一族(有馬《ありま》氏など)も含めて十本の赤松氏系図を掲載している。現在、もっとも利用されている赤松氏系図であるが、内容には異同が多く、必ずしも記載内容が一致しているわけではない。

近世播磨の郷土史家・天川友親《あまかわともちか》の手になる『赤松諸家大系図』は、赤松氏一族の系譜を網羅的に収録したことで知られている。友親は飾東《しきとう》郡御着《ごちゃく》村（兵庫県姫路市）の出身で、『播陽万宝《ばんようばんぽう》知恵袋《ちえぶくろ》』の著者としても有名である。友親は自身が赤松氏の子孫だったので、赤松氏に高い関心を寄せていたと指摘されている。『赤松諸家大系図』は赤松氏一族の人々を網羅しているだけに、非常に便利な系図であるが、生没年などには誤りも認められ、注意が必要である。なお同系図は、在野の赤松氏研究家である藤本哲《ふじもとさとし》氏によって翻刻《ほんこく》された。

活字化されていないが、ほかには『赤松氏族譜』（たつの市立龍野歴史文化資料館所蔵）もよく知られる系図であり、『赤松円心・満祐』や『中世播磨と赤松氏』の著者として知られる高《こう》坂好《さかこのむ》氏もその信憑性について高い評価を与えている。ただし、『赤松氏族譜』もまた後世に成立したものなので、これもそのまま鵜《う》呑《の》みにするわけにはいかないだろう。

ここに挙げた以外にも、活字化されていない赤松氏系図はあると推測される。いずれにせよ、系図の内容はそのまま信用できないので、同時代の古文書や古記録による照合が必要である。

◇赤松氏と山田則景

『太平記』や各種赤松氏系図以外に、赤松氏の系譜をたどった史料はないのであろうか。先に名前を挙げた高坂好氏は、別の方法で赤松氏の系譜を検証した。禅僧《ぜんそう》の景徐周麟《けいじょしゅうりん》の語録『翰林《かんりん》葫蘆集《ころしゅう》』（巻十四）を活用し、その記載内容を積極的に採用したのである。禅宗関係の史料を活用した研究は、これまであまり行われてこなかった。

この語録には、文亀《ぶんき》二年（一五〇二）、宝林寺宝所庵《ほうしょあん》で赤松政則《まさのり》七周忌の法要が行われたときの記録がある。その中で景徐周麟が赤松氏の系譜に触れた箇所があり、家範《いえのり》がはじめて「赤松」を号したと述べている。家範は季房から数えて五代目にあたり、あとで取り上げる山田則《やまだのり》景《かげ》の末子と称される人物である。

高坂氏は〝家範がはじめて「赤松」を号した〟という説について、当時の赤松氏に伝承されてきた説なので、もっとも権威ある説と指摘する。さらに、家範が則景の末子であることから、その流れを汲む円心は赤松氏一族の本流とはいえず、その優れた武勇と人柄によって一族を統率するに至ったと指摘した。つまり、もともとの赤松氏の本流は宇野《うの》氏であり（宇野氏については後述）、赤松氏はそこから枝分かれした支族ということである。

以上の点をもう少し踏み込んで考えてみよう。高坂氏は『翰林葫蘆集』の説をもとに、山田則景の分析を通して自説を発展させ、『赤松氏族譜』に記された季房の曽孫・山田伊豆守入道《いずのかみにゅうどう》則景に注目した。『赤松氏族譜』には、則景が佐用荘地頭職に任じられ、北条義時《ほうじょうよしとき》の娘を娶《めと》ったと記されている。山田則景は、別の系図に宇野則景と記されており、高坂氏は本姓が宇野氏だったと指摘する。また、山田氏の子らに「景」の字が多く使われていることから、高坂氏は鎌倉幕府の有力御家人《ごけにん》であった梶原景時《かじわらかげとき》の存在に注意を払っている。景時は、寿永《じゅえい》三年（一一八四）二月から正治《しょうじ》元年（一一九九）十二月の間、播磨国守護を務めていた。つまり、則景は梶原氏の猶子《ゆうし》となって、「景」の偏諱《へんき》を受け、その尽力によって義時から佐用荘地頭職に任じられたと高坂氏は考えたのだ。

高坂説は則景と北条義時との血縁関係、および則景と播磨国守護の梶原景時との関係を重視した。そうした関係もあって、正治二年（一二〇〇）一月の梶原景時失脚後も、鎌倉幕府は義時の娘を娶った則景を解任できなかったと指摘する。これについては、高坂氏も想像と断っているとおり、史料的な裏づけに乏しく、今後さらに検討を要する説である。鎌倉期の一次史料には、高坂説を補強する材料が存在しない。次に触れるとおり、鎌倉期における赤松氏に関する史料は、大変乏しいのである。

◇赤松氏は関東出身か？

高坂氏は、別の説も提示しているので紹介しておきたい。建武《けんむ》元年（一三三四）八月に円心が時沢名《ときざわのみょう》を寄進した史料を根拠とした、赤松氏が山名氏と同様に上野国《こうずけ》（群馬県）出身の関東御家人だったのではないかとの説である（「古文書纂《こもんじょさん》」）。高坂氏は時沢名を上野国勢多《せた》郡に所在したと考え、推論を試みたのである。播磨国には櫛橋《くしはし》氏、糟谷《かすや》氏など、もともと関東に在住していた御家人が移ってきた。彼らは関東から西国へ移住したので、西遷《せいせん》御家人と称されている。この説では、赤松氏も関東から西国へ移住した一族と考えられている。

『上郡町史』（第三巻・史料編Ⅰ）では、高坂氏の提示した史料を「古文書纂」ではなく、「猪熊信男氏所蔵文書」の影写本から引いている。そこには、「時沢名」ではなく、「時藤名《ときふじ》」と記されている。残念ながら、時藤名の位置は不明であり、播磨国や上野国以外の地域の可能性も否定できない。もし仮に、時藤名が正しいのであるならば、赤松氏が上野国の出身であるという高坂説には、再考の余地があるといえよう。

高坂説を補強するかのように、赤松氏が関東に所領を保持していたとの指摘がある。永島福《ながしまふく》太郎《たろう》氏は、文和《ぶんな》元年（一三五二）または同二年に発給された足利尊氏《あしかがたかうじ》書状を挙げて、赤松氏の所領が関東にあったのではないかと指摘した。尊氏の書状は、当時、関東に在住していた子の義詮《よしあきら》に宛てたもので、書状に「松の律師所とも、こなたに候《そうろう》を」と記されている。「松の律師」とは、赤松円心の三男・則祐《のりすけ》のことである。「こなたに」の意味は、義詮が住む関東方面を指すものと考えてよいであろう。具体的な場所がわからないだけに、永島氏も慎重な態度を取っているが、大変興味深い史料である。

以上のとおり、高坂氏は円心以前の系譜について精力的に研究を続けてきた。しかし、系図類の記載は信の置けないものもあり、特に傍注に付された履歴や官途《かんと》等の記載はそのまま鵜呑みにするわけにはいかない。また、関東御家人説は後述のとおり、近年有力視される説であるが、高坂氏の検証ではいささか根拠が乏しい。いずれにしても鎌倉時代の赤松氏の系譜や動向は不明な点が多く、古文書・古記録等での確認が難しいのである。

◇鎌倉時代の赤松氏

円心が登場する以前については、関係史料の少なさを述べたが、いくつかは一次史料が残っている。その点を確認しておきたい。

鎌倉期における赤松氏関係史料で、まず挙げなくてはならないのは、上総《かずさ》国長生《ちょうせい》郡茂原《もばら》（千葉県茂原市）の妙光寺《みょうこうじ》（藻原寺《そうげんじ》）が所蔵する「日静書状《にちじょう》」である。正慶《しょうけい》元年（元弘二年。一三三二）に推定され、十二月二十六日の日付を持つこの書状は、岡見正雄《おかみまさお》氏によってその意義を見《み》出《いだ》された。この史料の年紀は、元徳《げんとく》三年（元弘元年。一三三一）もしくは正慶二年（元弘三年。一三三三）の可能性があると指摘されている。

この史料が示す赤松氏の関係部分は、おおむね次のように要約できる。十二月九日以降、後醍醐天皇の皇子で、「元弘の乱」に出陣した護良《もりよし》親王配下の者が摂津《せっつ》国三島郡芥川《あくたがわ》（大阪府高《たか》槻《つき》市）から山崎方面に進出したが、宇都宮《うつのみや》氏と赤松氏（円心か？）が討手《うって》としてこれを追い返したのである。宇都宮氏は、下野国《しもつけ》（栃木県）の御家人である。岡見氏は、赤松氏が護良親王の軍を攻撃していることから、当初の赤松氏は鎌倉幕府に与《くみ》していたと指摘したのだ。従来、赤松氏は反鎌倉幕府派と考えられていたので、逆の評価である。

岡見氏によると、赤松氏はもともと鎌倉幕府に味方していたが、のちに護良親王の令旨《りょうじ》（「太《たい》山寺文書《さんじもんじょ》」）に応じて、後醍醐天皇に与したことになる。これまで、赤松氏は史上に突如としてあらわれ、後醍醐天皇に味方した悪党の典型と思われていたが、「日静書状」の出現により再考を迫られた形である。この史料は、高坂氏の没後に知られるようになったが、赤松氏関東御家人説を裏づける有力な証拠となったのである。

この史料を吟味《ぎんみ》した依藤保《よりふじたもつ》氏は、さらに状況証拠となる史料を博捜すると、円心が六波羅探《ろくはらたん》題《だい》（鎌倉幕府が京都に置いた出先機関）配下の関東御家人だったとの説を展開し、従来説を一新する問題提起を行った。この説については、次節で触れることとしたい。

順序は前後するが、赤松氏を語るうえで欠かすことができない史料に、「嘉暦《かりゃく》元年九月日摂津国長洲荘代官等連署起請文《きしょうもん》」がある（「大覚寺文書《だいかくじ》」）。この史料は、兵庫県尼崎《あまがさき》市の大覚寺に所蔵されている。史料の内容は、御本尊の御威光を軽《かろ》んじないことをはじめ、五ヵ条にわたる内容について起請したものである。注目されるのは、署判《しょはん》を加えている者の中に「惣追捕使《そうついぶし》貞範《さだのり》」と「執行範資《のりすけ》」の名が見えることである。

この二人は、明らかに赤松貞範（円心の次男）と範資（円心の長男）のことである。『兵庫県史』（第一巻）では、赤松貞範と範資の両名および連署した者について、海上活動の拠点としての尼崎を守備させるため、海賊的な武士集団の頭目たちを傭兵《ようへい》として組織したのではないかと指摘している。当時、海上交通の要衝《ようしょう》に悪党が存在し、不法行為を重ねたことはよく知られている。しかし、この見解に対して依藤氏は、海賊対策として、二人が六波羅探題から送り込まれたと指摘する。赤松氏が御家人だったとするならば、逆の解釈が成り立つ。

円心の発給文書の初見は、摂津国瀧安寺《りゅうあんじ》（大阪府箕面市《みのおし》）に所蔵する正慶二年閏《うるう》二月二十五日の日付を持つ書状である（「瀧安寺文書」）。以後、円心を含め赤松氏一族の関係史料は、古文書・古記録等の一次史料にたびたびあらわれることになる。

円心が登場する以前の鎌倉期の赤松氏関係史料は、これ以上見つけることは困難かもしれない。今後は視点を変えて、残された乏しい史料を検討することも必要だろう。そのような意味で、先の二通の史料については、今後関係史料の調査と相俟《あいま》って、新たな解釈が可能となるかもしれない。

◇赤松氏像の見直し

赤松氏の出自に関しては、近年、依藤保氏の精力的な研究が発表され、新しい見解が提示された。この論文は、従前の赤松氏＝悪党的商人像に再検討を迫った意欲作である。それは、どのようなものなのであろうか。以下、紹介することにしたい。

鎌倉中・後期から南北朝期の播磨は、悪党が活躍した時代であった。荘園《しょうえん》史研究の分野でも、矢野荘《やののしょう》（兵庫県相生《あいおい》市）・大部荘《おおべのしょう》（同小野市）で悪党が跳梁跋扈《ちょうりょうばっこ》したことが指摘されている。特に、南北朝期に成立した播磨の地誌『峰相記《みねあいき》』には、その様相が詳しく記されている。いったい彼らは、いかなる存在であったのだろうか。

悪党とは、鎌倉中・後期から南北朝内乱期にかけて、反幕府、反荘園体制的行動をとった在地領主、新興商人、有力農民らの集団のことを示す。鎌倉幕府は、悪党を山賊《さんぞく》、海賊と同じく、鎮圧の対象とした。鎌倉幕府の追加法において、何度もその行為は禁止されており、その横行ぶりがうかがえる。

悪党は、①荘園領主による代官職の否認、②得宗《とくそう》（北条）政権による御家人所領（地頭《じとう》職）の否定、③得宗政権の経済政策（港湾・都市など独占）の強行、④支配下農民との矛盾対立、⑤蒙古《もうこ》襲来を契機とする社会経済情勢の急激な変化、などを要因として発生したといわれる。彼らは悪党張本《ちょうほん》を中心に、一族、下人《げにん》、所従《しょじゅう》など血縁関係者を集め、さらに近隣の在地領主層と連携《れんけい》して、当該地域における分業、流通の支配を目指し、数百人に及ぶ傭兵《ようへい》を組織することもあった。

従前の赤松氏研究では、『楠木《くすのき》合戦注文・博多《はかた》日記』の「播磨国の悪党蜂起《ほうき》、言語《ごんご》同断《どうだん》に候《そうろう》」という記述に基づき、円心もまた広義の悪党的商人と考えられてきた。近年、研究の進んだ城郭研究の分野では、円心が悪党出身であるがゆえ、赤松氏城郭の築城・縄張りをゲリラ的な発想で考察すべきとの意見も出されている。高坂好氏のように、赤松氏を関東御家人とする説を提示する論者もいたが、十分な傍証を得られていなかったことは、すでに述べたとおりである。

こうした中で、赤松氏の悪党的性格に見直しを迫ったのが、依藤説なのである。結論からいえば、赤松氏は佐用荘赤松村を本貫地《ほんがんち》とした、六波羅配下の関東御家人であったとする。それらの論拠は状況証拠に限られるが、①九条家領佐用荘が鎌倉期に関東御領となり、荘内に預所として関東武士が置かれたこと、②またそれらが北方《きたかた》探題（播磨国守護）の料所として被官《ひかん》らに給与されたこと、③赤松氏は鎌倉初期に関東御家人某が佐用荘に入り、「赤松」を名字としたこと、④円心が播磨国守護・常葉《ときわ》範貞《のりさだ》と被官関係を結んだこと、などを丁寧に論証している。「元弘の乱」発生時、赤松氏は当初北条方で活動していたが、やがて鎌倉幕府を裏切った。赤松氏が悪党といわれる所以《ゆえん》は、反幕府行動にあったと依藤説は指摘する。これら一連の研究は、先行研究や史料を丹念に洗い出した成果であり、従来の赤松氏研究に再検討を迫る貴重な研究成果なのである。

INTERMISSION

改姓・分家……多過ぎる「松平&徳川」家

◇「十四松平」と「十八松平」

徳川家康《とくがわいえやす》の旧姓として知られる「松平《まつだいら》」には、数多くの分家がある。また、徳川の「御《ご》三家《さんけ》」「御三卿《ごさんきょう》」は歴史書やドラマなどでもおなじみの言葉だろう。しかし、いざその実態とは何かと聞かれたら戸惑う方も多いのではなかろうか？　ここではそれらについて簡単に整理し、説明してみたいと思う。

松平氏は一族で分家を重ね、のちにそれらは「十四《じゅうし》松平」と称されるようになった。「十四松平」に関しては、江戸時代に成立した『寛政重修諸家譜《かんせいちょうしゅうしょかふ》』に記されており、次の十四の松平家を挙げている。

竹谷《たけのや》松平家　形原《かたのはら》松平家　大草《おおくさ》松平家　五井《ごい》松平家　深溝《ふこうず》松平家　能見《のみ》松平家
長沢《ながさわ》松平家　大給《おぎゅう》松平家　滝脇《たきわき》松平家　福釜《ふかま》松平家　桜井《さくらい》松平家　東条《とうじょう》松平家
藤井《ふじい》松平家　三木《みつぎ》松平家

こうした松平家の数え方は徳川宗家《そうけ》を含める場合や、家康の祖父である清康《きよやす》までの庶子に限る場合もあり、実にさまざまである。このほかに家系が途中で断絶した松平家としては、岩津《いわつ》松平家、押鴨《おしかも》松平家、鵜殿《うどの》松平家がある。松平の庶子は、一致団結して徳川宗家を支えることになる。

ところが、これとは別に「十八《じゅうはち》松平」というものがあり、『改正三河後風土記《みかわごふどき》』に記されている。「十八松平」とは、江戸幕府が成立して以後、特に将軍家から「松平」の姓を許された家を示している。それらを列挙すると、次のようになろう。

松平加賀守《かがのかみ》家　松平土佐守《とさのかみ》家　松平薩摩守《さつまのかみ》家　奥平《おくだいら》松平家　松平陸奥守《むつのかみ》家
松井《まつい》松平家　松平筑前守《ちくぜんのかみ》家　戸田《とだ》松平家　松平安芸守《あきのかみ》家　久松《ひさまつ》松平家
松平長門守《ながとのかみ》家　鷹司《たかつかさ》松平家　松平因幡守《いなばのかみ》家　松平備前守《びぜんのかみ》家　本庄《ほんじょう》松平家
松平肥前守《ひぜんのかみ》家　越智《おち》松平家　松平阿波守《あわのかみ》家　松平美濃守《みののかみ》家

実際には十九家あるが、それは「十八松平」が実数をあらわすのではなく、「松」の字を分解して「十八公」とする中国にならったという説がある。松平の例以外でも、「黒田《くろだ》八虎《はっこ》」や「武田《たけだ》二十四将《にじゅうししょう》」などに見られるように、このような数字にあやかった数え方が好まれたようだ。

◇御三家

御三家とは、次に示す徳川家の家格を意味する。

①尾張《おわり》徳川家——徳川義直《よしなお》(家康の九男)—尾張国(愛知県)名古屋六十一万九千五百石《ごく》
②紀伊《きい》徳川家——徳川頼宣《よりのぶ》(家康の十男)—紀伊国(和歌山県)和歌山五十五万五千石
③水戸《みと》徳川家——徳川頼房《よりふさ》(家康の十一男)—常陸国《ひたち》(茨城県)水戸二十八万石

いずれも徳川家康の男子三人を祖とする徳川姓の大名で、幕府内では親藩《しんぱん》という最高の家格だった。

御三家は徳川姓を名乗ることができるほか、「三《み》つ葉葵《ばあおい》」の家紋の使用を許可された。

いずれも将軍の一門として権威をもつ大名で、将軍に跡継ぎのない場合は将軍家を相続する権利を有した。

正徳《しょうとく》六年（一七一六）四月、第七代将軍の家継《いえつぐ》が亡くなったが、跡を継ぐべき男子がいなかった。当初、尾張藩主の徳川継友《つぐとも》が側用人《そばようにん》の間部詮房《まなべあきふさ》やその側近の新井白石《あらいはくせき》らに支持され、有力な後継者候補だった。しかし、幕閣《ばっかく》には詮房や白石を快く思わない者もおり、また大奥《おおおく》の支持も得られなかった。結果、家継の生母・月光院《げっこういん》などの要望もあり、紀伊徳川家の吉宗《よしむね》が第八代将軍に就任したのである。

第十三代将軍の家定《いえさだ》も、後継者たるべき男子に恵まれなかった。安政《あんせい》四年（一八五七）頃から家定の病が悪化すると、後継者問題が取り沙汰《ざた》されるようになった。次期将軍候補としては、大老《たいろう》・井伊直弼《いいなおすけ》らが推す紀伊徳川家の家茂《いえもち》（当時は慶福《よしとみ》）、徳川斉昭《なりあき》ら一橋《ひとつばし》派が推す一橋慶喜《よしのぶ》（のちの第十五代将軍）が挙がった。

翌安政五年（一八五八）六月、家定は諸大名を招集し、家茂を後継者とする意向を伝えた。その直後、家定は一橋派の諸大名の処分を決定すると、同年七月六日に病没した。こうして家茂は第十四代将軍に就任したのである。

◇御三卿

御三卿とは、次に示す徳川家の家格を意味する。

①田安《たやす》徳川家（田安家）――始祖は徳川宗武《むねたけ》（第八代将軍・徳川吉宗の次男）
②一橋徳川家（一橋家）――始祖は徳川宗尹《むねただ》（第八代将軍・徳川吉宗の四男）
③清水《しみず》徳川家（清水家）――始祖は徳川重好《しげよし》（第九代将軍・徳川家重《いえしげ》の次男）

御三卿は、享保《きょうほう》十六年（一七三一）に第八代将軍・徳川吉宗の次男・宗武が江戸城内に屋敷を与えられたことにはじまる。元文《げんぶん》五年（一七四〇）には、吉宗の四男・宗尹にも同様の措置がなされ、当初は「御両卿《ごりょうきょう》」と称された。宝暦《ほうれき》九年（一七五九）、徳川家重の次男・重好にも江戸城内に屋敷が与えられ、御三卿が成立した。代々、当主の官名が律令制《りつりょうせい》の八省の長官（卿）だったので、御三卿と称された。御三家の勢力を抑えるために興したとする説もあるが、誤りである。あくまで将軍家の身内である。

所領はそれぞれが十万石を与えられ、家老《かろう》その他の役人は幕臣をもって任命した。御三卿領は関東と畿内周辺の数ヵ国に分散しており、代官所が支配を担当した。御三卿は城を持たず、江戸城内の屋敷地に居住した。そして、重要なことは、御三家と同じく将軍に継嗣のないときは将軍家を相続することができたことだ。

天明《てんめい》六年（一七八六）八月、第十代将軍・家治《いえはる》が病没したが、後継者がいなかった。翌年、跡継ぎとして第十一代将軍に就任したのが一橋家の家斉《いえなり》である。また、第十五代将軍の徳川慶喜は、水戸徳川家の斉昭の子として誕生したが、弘化《こうか》四年（一八四七）に御三卿の一橋家の家督《かとく》を継いだ。第十四代将軍になり損ねたのは先述のとおりである。

慶応《けいおう》二年（一八六六）七月、第十四代将軍の家茂が亡くなったが、家督を継ぐ後継者がいなかった。家茂は遺言として、四歳だった御三卿の田安亀之助《かめのすけ》（のちの徳川家達《いえさと》）を後継者として指名した。しかし、当時は幕末の動乱期であり、とても幼い亀之助に重責を担うことはできなかった。結局、徳川慶喜が将軍となったわけだが、はからずも最後の将軍になったのである。

第4章 謎多き「出自不明」の大名家

豊臣氏

秀吉出生の謎と同時代の冷ややかな視線

◇出自に定説なき〝天下人〟

一般書はもとより、論文・専門書に至るまで、もはや何も言うことはないといってよいほど、豊臣秀吉《とよとみひでよし》に関する書物は数多い。そんな秀吉の出生にまつわる事実については、どのように描かれているのであろうか。次に、主要な歴史・人名辞典の中から、いくつか代表的な記述を抜き書き、掲出することにしたい。

Ⓐ『戦国武将合戦事典』（吉川弘文館）

天文《てんぶん》六年（一五三七）生まれる。『太閤素生記《たいこうすじょうき》』によれば尾《お》張《わり》国愛知郡中村（名古屋市）の木下弥右衛門《きのしたやえもん》の子という。弥右衛門は織田信秀《おだのぶひで》の足軽《あしがる》であったが負傷して村に帰り百姓となった。秀吉の母なか（大政所《おおまんどころ》、天瑞院《てんずいいん》）は弥右衛門との間に、姉とも（瑞竜院日秀《ずいりゅういんにっしゅう》）と秀吉を生み、弥右衛門死後おなじく織田家の同朋《どうぼう》であった竹《ちく》（筑）阿弥《あみ》に嫁し、一男一女をあげた。

Ⓑ『朝日日本歴史人物事典』(朝日新聞社)

尾張国愛知郡中村(名古屋市)の百姓で織田信秀の足軽木下弥右衛門を父に、同郡曾根村の百姓の娘なか(天瑞院)を母として誕生。父は戦傷のため帰農、秀吉7歳のときに没し、母は秀吉と姉ひとりを抱え信秀の同朋衆竹阿弥と再婚した。

Ⓒ『日本大百科全書』(小学館)

尾張中村(名古屋市中村区)の百姓弥右衛門の子。母は尾張御器所《ごきそ》村(名古屋市昭和区)の生まれで、名はなか(後の大政所)。

いずれも似たような記述ではあるが、若干の差異を認めることができる。ⒶⒷは秀吉の父・弥右衛門に「木下」という姓を付け、織田信秀に仕えた足軽身分であるとしている。Ⓐによると、その出典は『太閤素生記』である。ⒶⒷは母の再婚相手まで記している。Ⓒについては、「木下」という姓を付けず、単に百姓弥右衛門としている。姓も記されておらず武士身分ではない。秀吉の出自には、定説がないことをうかがわせる。

比較的よく用いられる歴史・人名事典の内容を掲出したが、各執筆者によって内容が違うのには理由がある。じつは、秀吉の出生を明らかにする確実な史料は「ない」といっても過言ではなく、後世の史料に頼らざるを得ないのが実情なのだ。それゆえに、歴史・人名事典によって、微妙な差異が生じている。しかも、後世に成立した史料は編纂《へんさん》の意図によって、一定のバイアスがかかっていることに留意しなくてはならない。

さらに、秀吉の生年に関しては、もう少し説明を要する。かつて、秀吉の生年月日は、天文五年（一五三六）一月一日と考えられてきた。『太閤素生記』に基づく見解である。「豊臣秀吉と誕生日が同じだ」と人から言われた記憶がある一月一日生まれの方も多いのではないだろうか。余談になるが、私の亡父は一月二日生まれだったので、一日違いであることを少しばかり悔しがっていたように記憶している。

ところが、そもそもこの点に関して、すでに異論がある。桑田忠親《くわたただちか》氏は秀吉の生年について、次のように指摘を行っている。

・「関白任官記《かんぱくにんかんき》」（『天正記《てんしょうき》』所収）の中に「誕生の年月を算《かぞ》うるに、丁酉二月六日吉辰なり」とある。丁酉の年は天文六年（一五三七）であり、秀吉の誕生日は二月六日になる。

・天正十八年（一五九〇）十二月吉日白山御立願状之事（「桜井文書」）には、「関白様　酉之御

年　御年五十四歳」とある。天正十八年（一五九〇）に五十四歳であるとすると、誕生年は天文六年（一五三七）になる。

以上の点から、従来の天文五年（一五三六）一月一日説は否定され、現在では天文六年（一五三七）二月六日説が定説となった。先述のⒶの事典では、その成果が反映された記述になっているのだ。

◇各種史料に見る秀吉の出生

⑴『太閤素生記』

秀吉の出生の事情について考えてみよう。特に、父母について注目しておきたい。最初に検討する史料は、江戸時代の旗本《はたもと》・土屋《つちや》知貞《ともさだ》の手になる『太閤素生記』である。同書は『甫庵《ほあん》太閤記《たいこうき》』（寛永《かんえい》二年〈一六二五〉成立）を参考にした形跡があるので、それ以降から知貞が亡くなる延宝《えんぽう》四年（一六七六）までに成立したと考えられている。同書は、御伽衆《おとぎしゅう》であった知貞の父・円都《えんいち》や母からの聞き書きがベースである。次に、秀吉の出生に関係する部分の大意を掲出しておこう。

父は木下弥右衛門という中々村の人で、織田信長《のぶなが》の父・信秀の鉄砲足軽を務めていた。多くの戦場で手柄を挙げたが、それがもとで怪我《けが》をしたので、中々村に引っ込んで百姓となった。秀吉と「とも」を子に持ったが、秀吉が八歳のときに亡くなった。

先述のⒶⒷの説明が、本書に拠《よ》っていることは明らかである。しかしながら、考えてみると、いくつか不審な点が認められないわけではない。

たとえば、鉄砲伝来は一般的に天文十二年（一五四三）のこととされている（異説あり）。弥右衛門が活躍した時代（天文年間初頭）を考慮すると、さほど鉄砲が盛んに用いられたとは考えがたい。そうなると、「鉄砲足軽」という箇所に関しては、執筆者である知貞の何らかの思い込みがあったと推測される。『太閤素生記』執筆の時点では間違いなく鉄砲は使用されていたので、つい勘違いした可能性がある。

木下という姓を名乗っている点は、どのように考えればよいのであろうか。普通に考えると、いかに戦国時代とはいえ、名字を名乗っていたのは有力名主や土豪クラスの武士である。しかし、秀吉の述懐によると、少年期の暮らしぶりは非常に貧しかったという。その点を考慮するならば、秀吉の家系は百姓身分だったと考えるほうが自然であり、木下姓を名乗ったという記述は不審であるといえる。

以上の点は、おおむね次のように整理できると思う。

・土屋知貞には秀吉が「木下」姓を名乗っていたという先入観があり、父にも「木下」姓を付けてしまった（小和田哲男《おわだてつお》氏）。

・朝廷から秀吉が豊臣姓を賜《たまわ》った際、『豊臣系図』を作成したときの工作である。本来は、姓氏などなかった（桑田忠親氏）。

いずれにしても、もともと弥右衛門は「木下」姓を名乗っていなかったのであるが、知貞の思い込み、あるいは先入観によって、誤って付け加えられたと考えられる。おそらく、弥右衛門は中村出身の百姓だったが、兵農未分離の時代にあって、信秀から動員されて合戦に従軍したのだろう。ところが、思いがけず戦場で怪我をしてしまい、百姓に戻らざるを得なかったのが事実に近いのではあるまいか。

②『甫庵太閤記』

次に取り上げるのは、小瀬甫庵《おぜほあん》の手になる『甫庵太閤記』（寛永二年〈一六二五〉成立）である。甫庵は秀吉など四人の武将に仕えた儒学者《じゅがくしゃ》である。秀吉の養子・秀次《ひでつぐ》の侍医を務めたことがある。甫庵は秀吉に近侍して得た情報をもとに執筆したので、同書は多くの人に広く読まれ、後世に残した影響は非常に大きい。同書が記す秀吉出生の経緯は、次のようなものである。

父は尾張国愛智(知)郡中村の住人で、名を筑阿弥《ちくあみ》という。あるとき母の懐《ふところ》に日輪《にちりん》が入る夢を見るとすでに懐妊しており、こうして秀吉が誕生したので童名を「日吉丸《ひよしまる》」とした。

この史料では、父が筑阿弥となっており、弥右衛門の名は出てこない。おまけに母の胎内《たいない》に日輪が入った夢を見て妊娠し、やがて秀吉が生まれたというのは、あまりに現実離れしていて受け入れることができない。このあとの記述は省略したが、秀吉が幼少時から聡明であったということが延々と記されているので、あまりに作為が強く、信を置くことができない。ちなみに筑阿弥は、織田信秀のもとで御伽衆を務めていたという。

『甫庵太閤記』は筑阿弥を秀吉の実父としているが、他の史料では(木下)弥右衛門を実父とするものが多い。この点からも「筑阿弥＝秀吉の父」説は大きな疑問であるが、その意図は秀吉の父を一百姓ではなく、信秀配下の御伽衆にしたいと考えたのだろうか。百姓よりも御伽衆のほうが、多少は良い印象を与えるのは理解できる。

③『関白任官記』

次に取り上げるのは、大村由己《おおむらゆうこ》が執筆した『関白任官記』である。由己は天正八年（一五八〇）頃から秀吉の御伽衆を務め、秀吉の軍功を記した『天正記』などを著した。由己が執筆した秀吉に関する著作物は、秀吉の意向に即して執筆された史料といえる。次に、『関白任官記』に見る秀吉の出生の部分を記すことにしよう。

その（秀吉の）素性を尋《たず》ねてみると。祖父母は朝廷に仕えていたという。仕えていたのは萩《はぎ》の中納言《ちゅうなごん》という。今の大政所（秀吉の母）が三歳のとき、ある人の讒言《ざんげん》によって遠流《おんる》になり、尾張国飛保村雲《ひぼむらくも》というところで日々を過ごした（中略、ある都人から大政所に歌が贈られる）。かの中納言の歌である。大政所殿は幼年にして上洛《じょうらく》し、朝廷に三年にわたって仕え、程なく一子が誕生した。今の殿下（秀吉）である。

この史料によると、秀吉の祖父母は萩の中納言なる人物に仕えていたことになっている。秀吉の母は三歳のときに尾張国に流されたが、萩の中納言から京都に呼び戻され、その落胤《らくいん》として誕生したのが秀吉というのである。秀吉の母は朝廷に仕えていたのだから、秀吉は正親町《おおぎまち》天皇の子ということになる。しかし、萩の中納言なる人物は史料で確認できず、書かれている内容はあまりに荒唐無稽《こうとうむけい》である。秀吉の指示なのか、由己のアイデアなのか不詳であるが、とうてい信じることはできない。

④『豊鑑』

ここまで取り上げた史料は、曲がりなりにも秀吉の父祖について記すところがあった。しかし、何ら論及がなされていない史料もある。

寛永《かんえい》八年(一六三一)に成立した、竹中重門《たけなかしげかど》の手になる『豊鑑《とよかがみ》』という史料である。重門は、秀吉に仕えた竹中半兵衛《はんべえ》重治《しげはる》の子で、この史料の執筆に際しては、父・重治からの聞き取りもあったのではないかといわれている。しかし、重治が三木《みき》城(兵庫県三木市)攻略中に亡くなったのは、天正七年(一五七九)のことである。

重門が誕生したのは、天正元年(一五七三)のことであり、父が亡くなった時点では七歳である。七歳の子どもに聞き取りを期待するのは、いささか難しいだろう。重門が多くの人から情報を得ていたことはたしかであると考えられるが、書かれた内容のすべてを鵜呑《うの》みにするわけにはいかないだろう。

『豊鑑』には、秀吉の父祖について、二ヵ所にわたり気になる記述が見られる。次に、その部分を掲出しておこう。

・（秀吉は）尾張国に生まれ、「あやし」の民であったが……

・（秀吉は）郷《ごう》の「あやし」の民の子であったので、父母の名も誰かわからない。一族についても、同じである。

服部英雄《はっとりひでお》氏は「あやし」の語に「賤」という字を当てたうえで、秀吉が卑賤《ひせん》の出自であったと指摘した。そのことが、秀吉の賤民出自説の一端へと繋《つな》がっていく。しかし、「賤（いやしい）」には「あやし」という読み方はない。むしろ、「怪し」つまり「得体が知れない」と考えるべきで、それがイコール「卑賤」を意味したと解釈したほうが自然である。この点をもう少し詳しく検討してみよう。

二番目の記述については、幼少期の秀吉に関わる興味深い史料が残っている。中国・四国・九州と順調に攻略を進め、天下人《てんかびと》まであと一歩まで近づいた秀吉にとって、残る最大の敵は関東の雄・北条《ほうじょう》氏だった。天正十七年（一五八九）、名胡桃《なぐるみ》城（群馬県みなかみ町《まち》）をめぐる北条氏と真田《さなだ》氏との戦いがはじまると、秀吉は北条氏が大名間の私闘を禁じた惣無事《そうぶじ》という政策基調に背《そむ》いたとして、討伐《とうばつ》することを決意した。その際、秀吉は北条氏直《うじなお》に宛てた宣戦布告状の中で、「秀吉、若輩《じゃくはい》（若い頃）に孤（一人）と成て（以下略）」と記している（『言経卿記《ときつねきょうき》』）。

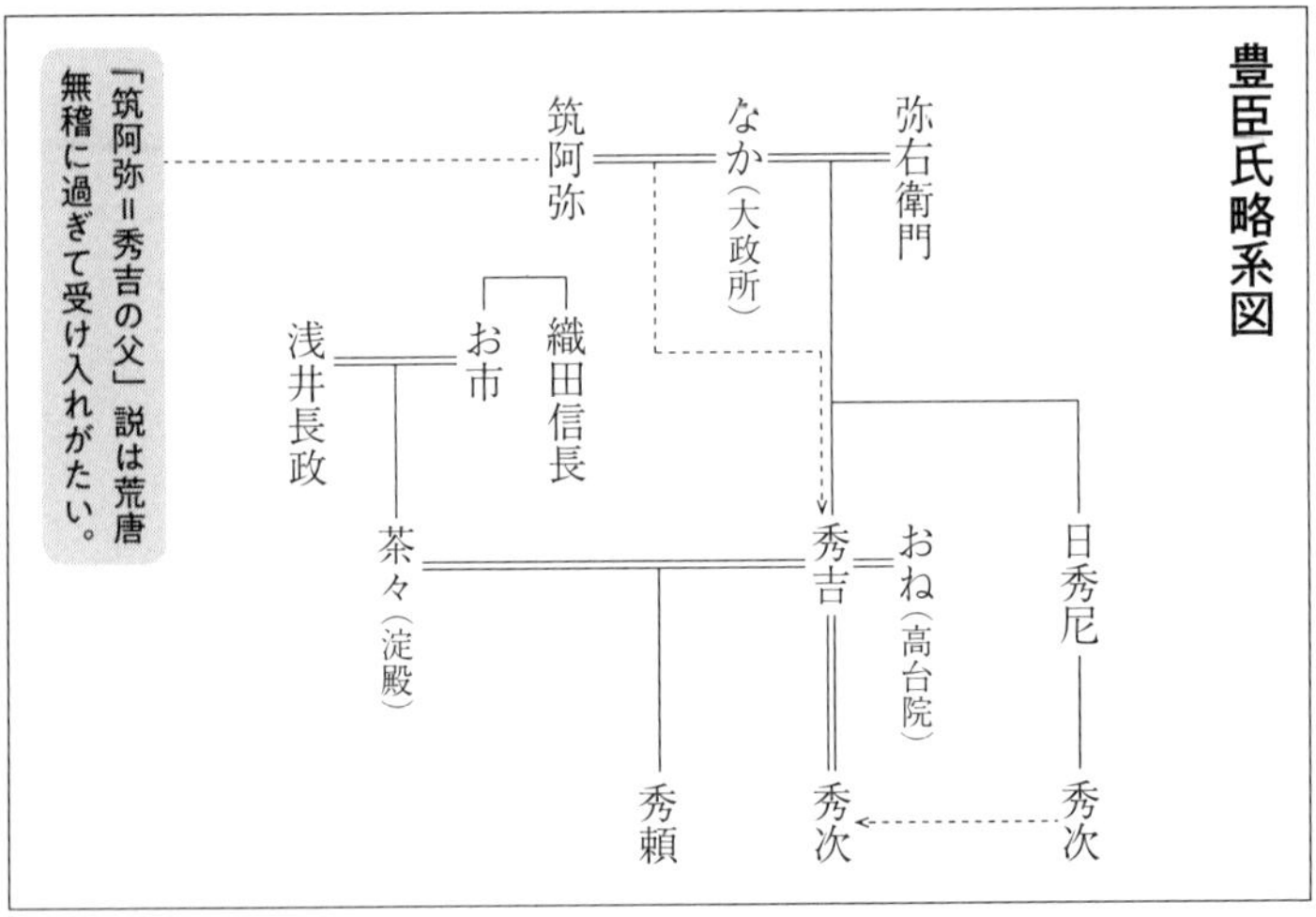

わずか一行にも満たない文章であるが、秀吉自身の言葉でもあり、あえてマイナス面を押し出している点に注目すべきだろう。そう考えると、先述した「父母の名前もわからない」という記述は、まんざら嘘でもないと考えてよい。これまで父の存在はあやふやだったが、幼少期に父母ともに亡くなったという事情が影響していたのであろう。秀吉は、幼くして、孤児になった可能性が非常に高い。

後世に成った史料の中で、『豊鑑』のように秀吉が孤児であったと記したものは乏しいものの、秀吉が孤児だったことは、秀吉自身が書いた宣戦布告状が根拠史料となる。父母の名もわからないとなると、秀吉の母・大政所ですら、もとは名も知れぬ一女性に過ぎなかった可能性があろう。『豊鑑』によって、秀吉が得体の知れない人物だった可能性を確認できたわけであるが、これが同時代の史料になるとどう

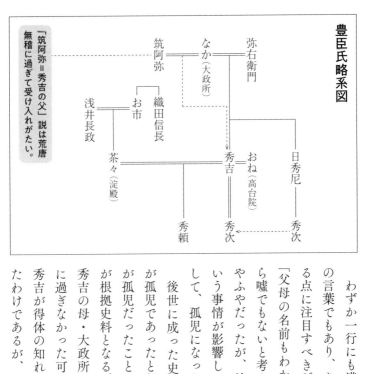

だったのか、もう少し確認してみよう。

◇安国寺恵瓊と島津氏の秀吉認識

ここでは、これまでの編纂物《へんさんぶつ》や後世に成立した史料から離れ、いわゆる同時代の一次史料を確認することによって、秀吉の出自を確認しておきたい。

最初に取り上げるのは、毛利《もうり》氏の外交僧として活躍した安国寺恵瓊《あんこくじえけい》の書状である。恵瓊は天正十年（一五八二）六月の備中高松《びっちゅうたかまつ》城（岡山市北区）の攻防後、領土割譲をめぐって秀吉との交渉に臨んだネゴシエーター（交渉人）である。しかも、単に交渉能力に長《た》けているだけでなく、信長の失脚と秀吉の将来の成長を予言するなど、人間に対する洞察力が非常に優れた人物だったといわれている。

その恵瓊が秀吉との領土割譲を交渉する天正十二年（一五八四）一月、秀吉を評して記したのが、「若い頃の秀吉は一欠片《ひとかけら》の小者（下っ端の取るに足りない者）に過ぎず、乞食《こじき》をしたこともある人物であった」という有名な一文である（『毛利家文書』）。

恵瓊は外交僧を務めていたので、幅広い情報ルートを保持していたと考えられる。そうなると、若い頃の秀吉が乞食同然の生活を送っていたという情報は、あながち否定できないだろう。恵瓊は情勢分析にも優れており、早くから当主の輝元《てるもと》をはじめとする毛利氏首脳に対して、秀吉と戦うことの不利を説いていた。そうした点を踏まえると、非常に信憑性《しんぴょうせい》が高い情報であると考えてよい。交渉の場で優位に立つ秀吉に対して、恵瓊が負け惜しみで記した一文ではないのである。

若い頃の秀吉が乞食同然の生活を送っていたことは、有力な大名間において共通に認識されていた事実でもあった。

秀吉の出自に関する情報は、薩摩《さつま》・大隅《おおすみ》（鹿児島県）を領有する島津《しまづ》氏の耳にも入っていた。天正十四年（一五八六）一月、島津義久《よしひさ》は同じ九州の大名・大友宗麟《おおともそうりん》の領内に攻め入った。窮《きゅう》地《ち》に追い込まれた宗麟が秀吉に泣きついたので、秀吉は義久に停戦を命じた。もし、島津氏が命令に応じなければ、成敗《せいばい》に及ぶという厳しい内容だった。

停戦を突きつけられた島津氏は、家中で種々議論を重ねたが、その中で秀吉の出自に関する次のような記述が見られる（『上井覚兼《うわいかくけん》日記』）。

羽柴《はしば》（秀吉）は、誠に由来（由緒）なき人物であると世の中でいわれている。当家（島津家）は（源《みなもとの》）頼朝《よりとも》以来変わることがない家柄である。しかるに羽柴へ関白とみなした返書を送ることは、笑止《しょうし》なことである。また、右のように由緒のない人物に関白を許すとは、何と綸言《りんげん》（天皇のおっしゃること）の軽いことであろうか。

島津氏は秀吉を由緒なき人物としたうえで、関白に任じられること自体が「笑止千万《せんばん》」という感想を持ったのである。ここでは、任命者の朝廷ですら嘲笑《ちょうしょう》の対象である。

この一文を見ればわかるように、鎌倉時代以来の名門である島津氏にとって、秀吉は「どこの馬の骨」かわからない存在だった。秀吉の出自が卑《いや》しいということは、遠く薩摩まで知られていたのである。わかりやすくいえば、「名門・島津家が卑しい身分の秀吉ごときにとやかく言われる筋合いはない」ということだろう。事実、島津氏は秀吉の停戦命令を無視した。翌年、島津氏が秀吉に屈して泣きを見ることになり、ミジメな思いをするのは周知のことである。

◇「羽柴」と「豊臣」

ここで、「羽柴」と「豊臣」という二つの姓について少し触れておこう。秀吉の発給文書を確認すると、当初は木下を用いている。秀吉が木下から羽柴に名字を改めたのは、元亀《げんき》四年(一五七三)七月のことである。先に挙げた『豊鑑』によると、羽柴は丹羽《にわ》長秀《ながひで》と柴田《しばた》勝家《かついえ》の名字から、それぞれ一字を取ったとされている。もっともらしい見解ではあるが、『豊鑑』の記述内容と羽柴と名乗った時期に齟齬《そご》があるので、今となっては疑わしいとの指摘がある。

秀吉の主君である織田信長は、配下の武将にたびたび姓を与えたことで知られている。たとえば、塙直政《ばんなおまさ》は「原田《はらだ》」姓を、明智光秀《あけちみつひで》は「惟任《これとう》」姓を、簗田広正《やなだひろまさ》は「別喜《べつき》」姓をそれぞれ信長から与えられた。いずれも九州の名族にちなんだ姓であり、何らかの理由があったと考えられるが、詳細は不明である。羽柴姓は九州の名族とは関係ないが、信長が与えたのは疑いないと考えられる。

天正十三年（一五八五）七月、秀吉は、朝廷内で起きた関白の座をめぐる人事抗争、いわゆる「関白相論《そうろん》」に乗じて、摂関家《せっかんけ》以外で初めて関白に任じられ、翌年には「豊臣」姓も朝廷から下賜《かし》された。

関白に就任する際、秀吉は前関白の近衛前久《このえさきひさ》の猶子《ゆうし》になった。五摂家《ごせっけ》以外では関白になった前例がないので、こうした措置を取ったのである。本姓は主君の織田信長にならって平《たいら》を用いていたが、こちらも同時に藤原《ふじわら》に改めた。その後、秀吉は豊臣姓を下賜されたが、その由来や意味はよくわかっていない。

近年では、豊臣は「源平藤橘《げんぺいとうきつ》」（源氏《げんじ》・平氏《へいし》・藤原《ふじわら》氏・橘《たちばな》氏）と同様、下賜された「氏《うじ》」なので、豊臣秀吉と呼ぶのは誤りであり、一貫して羽柴秀吉と呼ぶべきであるという主張があらわれた。織田信長を藤原（あるいは平）信長、徳川家康を藤原（あるいは源）家康と呼ばないのと同じ理屈である。それに対する反論としては、秀吉は豊臣姓を下賜された初代であり、ちょうど源家の正統の源頼朝と同じことなので、豊臣秀吉で構わないという意見もある。筆者としては、後者の意見に賛成である。

◇諸大名や宣教師たちの秀吉へのまなざし

島津氏内部における秀吉の評価は、ある意味で諸大名に共通した心情だった。『十六・七世紀イエズス会日本報告集』（一五八五年十一月十三日付、フロイス書簡）には、次のような一文がある。

羽柴筑前《ちくぜん》殿が、あのような低い身分と基盤から、このような富、名誉、世俗的栄光の頂点に昇って来た分に応じて、それだけ彼の敵たちは、日本の習慣に従い、この輪廻《りんね》の輪が逆にまわる時の速さを抜け目なく窺《うかが》っているが、この輪の中で四百五十年間、日本国中が絶えざる変革の中に浮かんで（廻《まわ》って）いるのである。（有水博訳。同朋舎出版）

一行目にあるような秀吉が貧しい出自である内容については繰り返し述べたが、ここでは二行目の「日本の習慣」が問題となろう。「日本の習慣」の意味することは、三行目の「四百五十年間、日本国中が絶えざる変革」とある武家政権の激しい移ろいであった。先に触れた島津氏などは、秀吉を心の底からバカにするとともに、秀吉の没落を願っていた。島津家は鎌倉開幕の頼朝以来、脈々と受け継がれた名門の家系だったからである。そして、先の島津氏の秀吉に対する認識は、ある意味で諸大名の正直な気持ちを代弁したものであった。

以上のように、秀吉の出自を物語る同時代史料は乏しいかもしれない。しかし、秀吉の生きていた時代においても、秀吉の出自が卑しかったということが共通認識だったことが判明する。恵瓊に至っては、「乞食」とまで記しており、誠に興味深いところである。もう少し、この問題を考えてみよう。

秀吉の出自が判然とせず、しかも乞食のような生活をしていたことは、すでに公然と知られたことだった。しかも、その事実は、ポルトガルからやってきた宣教師にも広く認識されていた。次に、ルイス・フロイスの『日本史』（以下㋑〜㋭はすべて松田《まつだ》毅一《きいち》・川崎桃太《かわさきももた》訳『日本史1 豊臣秀吉篇Ⅰ』中公文庫より）から、秀吉の出自に関わる記述を抜き出して検討したい。

㋑第四章（第二部六六章）

この（羽柴）筑前殿は血統から見ればたいして高貴の出ではなく、家系からも、およそ天下の支配なり統治権を掌握して日本の君主になり得る身には程遠いものがあった……

ロ第六章（第二部六八章）

（秀吉が関白就任などを目論《もくろ》んだ指摘のあとで）だが賤しく低い身分から出た羽柴（秀吉）が、このようにして財宝、名誉、現世の栄光において大いなる頂《いただき》に登れば登るほど、むしろその競争者たちは〔日本の習《なら》わしどおり〕車輪の脱線が早まるようにと手ぐすねを引いて待っていた。

ハ第八章（第二部七四章）

この人物（関白秀吉）がきわめて陰鬱《いんうつ》で下賤《げせん》な家から身を起し、わずかの歳月のうちに突如日本最高の名誉と栄位を獲得したことは、途方もない異常事に外《ほか》ならず、日本人すべてを驚愕《きょうがく》させずにはおかなかった。

イハから明らかなように、秀吉が信長の後継者として天下人への階段を駆け上がり、ついに関白の地位に上り詰めたことは、極端にいえば日本人すべてにとって信じがたいことだった。島津氏や恵瓊のみならず、秀吉の卑しい出自は誰しもが知る事実だったのである。まさしく公然の秘密といえよう。『十六・七世紀イエズス会日本報告集』（一五八五年十月一日付、フロイスの返信）には、「日本王国は、血統のため彼の手に入ったのではない」（有水博訳。同朋舎出版）

と、(ハ)を補うような記述がある。

そのような事情から、(ロ)に記されているように、周囲の諸大名は警戒を強めていたのである。秀吉が周囲の嫉妬《しっと》に耐えるには、尋常《じんじょう》ならざるエネルギーを必要としたと考えられる。それゆえ秀吉は、ときに諸大名に対して高圧的な態度を見せたり、残虐《ざんぎゃく》な行為に及んだりするなど、不可解な行動を取るようになった。

なお、フロイスの『日本史』などの宣教師などが記した外国の文献は、秀吉がバテレン追放令を発したので、秀吉に関する評価が辛口ではないかといわれている。たしかにそういう側面が否《いな》めない面もあるが、秀吉の出自は多くの大名が知っており、宣教師らはそういうルートから情報を仕入れたと考えられる。

このようにフロイスの『日本史』には、秀吉の出自に関するユニークな記事を確認できるが、何より注目されるのは次の一節である。

(三)第一六章（第二部九七章）

彼は美濃《みの》の国の出で、貧しい百姓の伜《せがれ》として生まれた。若い頃には山で薪《たきぎ》を刈り、それを売って生計を立てていた。彼は今なお、その当時のことを秘密にしておくことができないで、極貧の際には古い蓆《むしろ》以外に身を掩《おお》うものとてはなかったと述懐しているほどである。

一行目の美濃（岐阜県）は、尾張の誤りである。ここでは、明確に秀吉が百姓の子であると記されている。ただし、百姓という言葉は、純粋に農業を意味するのではない。秀吉は農業だけで生活が成り立たなかったのか、薪を売って糊口《ここう》をしのいでおり、生活が厳しいときには古い蓆を身にまとっていたという。服すらなかったのである。この記述は、恵瓊が述べる「乞食であった」という言葉を裏付けている。秀吉はそうした暗い過去を誰にも隠すことなく、平然と周囲の者に語っていたのだから、その生い立ちが広く知られるはずである。

この続きには信長が美濃国を平定すると、秀吉を評価して封禄《ほうろく》を増やしたと書かれている。同時に、秀吉の評判は高まったと述べている。まさしく秀吉は自身の努力もあったが、幸運に恵まれていたのである。一方で、貧しい出自を持つ秀吉には、屈辱的なこともあった。次に、史料を掲出しておこう。

㈬第一六章（第二部九七章）

しかし彼は、がんらい下賤の生まれであったから、重立《おもだ》った武将たちと騎行する際には、馬から降り、他の貴族たちは馬上に留《とど》まるを常とした。

秀吉は信長から高い評価を得て、新たに知行《ちぎょう》を増やされたが、賤しい出自を変えることはできなかった。いくら軍功を挙げても、その出自ゆえに同僚と馬を並べることはなく、下馬の礼を取らなくてはならなかった。若き秀吉にとって、これほど屈辱的なことはなかっただろう。いくら活躍しても、しょせん秀吉は賤しい出自が仇《あだ》になったのである。

秀吉の極貧というべき生活ぶりは、イエズス会の報告書（『一六〇〇年及び一六〇一年の耶蘇《ヤソ》会の日本年報』）にも、以下のように詳しく記されている。

彼（秀吉）はその出自がたいそう賤しく、また生まれた土地はきわめて貧しく衰えていたため、暮らして行くことができず、その生国である尾張の国に住んでいたある金持の農夫の許《もと》に雇われて働いていた。このころ彼は藤吉郎《とうきちろう》と呼ばれていた。その主人の仕事をたいそう熱心に、忠実につとめた。主人は少しも彼を重んじなかったので、いつも森から薪を背負って彼にいいつけることとしか考えなかった。彼は長い間その仕事に従事していた。

ソロイスの『日本史』よりも、記述がはるかに具体的である。秀吉が亡くなったのは、慶長《けいちょう》三年（一五九八）八月のことなので、没してから史料の成立までそれほど時間は経過していない。秀吉の住んでいた場所は土地が痩《や》せていたようで、農業には適していなかった。そこで、秀吉は富裕な農夫に雇われ、薪を拾い集めて生活を支えていたことが判明する。

しかも、秀吉はかなり熱心に作業に従事しており、愚痴《ぐち》一つこぼさなかった様子がうかがえる。このように真面目に職務を遂行することが、秀吉の良いところだったのかもしれない。信長に従って以降、秀吉は職務に忠実であり、それゆえに高い評価を与えられた。武士身分にあった者とは違い、秀吉には何の後ろ盾《うしろだて》もなかった。それゆえ、与えられた仕事を黙々とこなす忍耐力は、若い頃から身についていたと考えられる。

◇朝鮮の史料に見る「秀吉中国人説」

秀吉の出自を物語る、同時代に近い史料としては、朝鮮の儒学者・姜沆《きょうこう》の著書『看羊録《かんようろく》』がある。姜沆は十六世紀末期における「文禄《ぶんろく》・慶長の役《えき》」によって、日本に連行されていた。『看羊録』は、そのときの見聞をまとめたものである。姜沆が亡くなったのは、一六一八年である。それから約四十年を経て、弟子によって『看羊録』はまとめられた。当該期における、貴重な史料といえよう。

同書には、「(秀吉の)父の家は、元来貧賤で、農家に雇われてどうにか活計《かっけい》(生計・生活)をたてていた」と書かれている。この記述は、これまで紹介した記録と一致する。さらに『看羊録』には、次のような記述がある。秀吉が朝鮮出兵する以前、中国人が薩摩に漂着した。中国人と面会した秀吉は、「昔から、帝王はみな下々から起こったものである。大明《だいみん》に、私がもと賤しかったことを知らしめたとしても、何ら害になることはない」と申し伝えている。

こうなると、半ば開き直りとも取れる発言である。ともあれ、姜沆によって、秀吉の卑しい出自は朝鮮半島にまで伝わることとなったのだ。

朝鮮側の史料には、秀吉の出自に関するユニークな異説が存在する。それは、李氏《りし》朝鮮の記録『懲毖録《ちょうひろく》』（十七世紀前後に成立。著者は李朝の宰相・柳成竜《りゅうせいりゅう》）が載せる次の記事である。

（秀吉はもともと）中国人で、倭国《わこく》に流れ込んで薪を売って生計をたてていた。ある日、国王（織田信長か？）が外出中にたまたま道端で出会い、その人となりの尋常でないのを見て、（秀吉を）配下の軍列に加えた。（秀吉は）勇敢で、力があり、戦《いくさ》上手であったので、たちまち功績をあげて大官に出世し、権力も振るうようになって、ついに源氏の政権を奪ってこれに代わったのだ。

これは、「ある人が言った」ということになっているが、秀吉が中国人であったという説はまことに興味深い。ただし、秀吉が中国人であったという史料的な根拠は、これまで見つかっていない。誤伝あるいはデマと考えてよい。

秀吉が薪売りだったというのは、これまでと共通する認識である。『懲毖録』は、一連の「文禄・慶長の役」を取り上げた記録である。そうなると、最初に秀吉が狙ったのが中国・明とするならば、案外、中国出身の秀吉が捲土重来《けんどちょうらい》を期して大陸侵攻を行ったと勝手に考えたのかもしれない。

あるいは、たかだか日本人が朝鮮半島を攻略するなどもってのほかで、秀吉は日本人ではなく中国人なのだと悔しまぎれに考えたのか。ただ、さすがに中国人を出自とする考え方は、あまりに荒唐無稽過ぎる。

◇薪売りから日本国王へ

秀吉が薪売りであったという史料には、さらに裏付けとなる史料が残っている。パブロ・パステルスの『16―17世紀 日本・スペイン交渉史』に引用された史料には、「関白殿は（かつては）薪売りに過ぎなかったのに、（今や）皇帝になったことを誇りとし、もはや全国を従え……（以下略）」（松田毅一訳。大修館書店）と書かれている。

翻訳した歴史家の松田毅一氏は同書の注の中で、「薪売り」の箇所を「台所奉行《ぶぎょう》であったことの誤聞であろう」と注記している。これは、秀吉が信長のもとで薪奉行を務めていたことを考慮してのことだろう（『甫庵太閤記』）。しかし、先の報告書などを見る限りにおいては、文字どおり「薪売り」と解してよいはずである。秀吉が若い頃、薪売りで生計を立てていたのは、諸外国まで広く知られた事実であったのだ。

フランス人でイエズス会宣教師のクラッセは、自身の著作『日本教会史』（日本では『日本西教史』として明治十一年〈一八七八〉に刊行された）の中で「羽柴ハ屢《しばしば》自ラ其僥倖《そのぎょうこう》ノ事ヲ語リ、鄙《ひ》賤《せん》（地位や身分が低く、いやしいこと。田舎《いなか》びていやしいこと）ヨリ国主へ昇リシコトヲ述ベタリ」（太政官飜訳《だじょうかんほんやく》係訳）と書いている。

著者のクラッセは、フランスのディエップに生まれ、一六三八年にイエズス会に入会した。『日本教会史』が刊行されたのは、一六八九年のことである。これはソリエーの『日本教会史』やフロイスの『日本史』、そして『十六・七世紀イエズス会日本報告集』を利用して執筆されているが、史料価値は低いと評価されている。しかし、後世の編纂物とはいえ、遠くヨーロッパまで秀吉の出自が卑賤から身を起こしたことが伝わっているのは驚くべきことだ。それほど関心が高かったのである。

ただ残念なことに、秀吉が薪売りであった時期がいつ頃のことなのか、時間的な経過が一切記されていない。秀吉が確実な一次史料に登場するのは、永禄《えいろく》八年（一五六五）十一月のことである（「坪内文書《つぼうちもんじょ》」）。秀吉は天文六年（一五三七）の生まれといわれているので、史上に登場したときには、もう二十九歳になっていた。少なくとも、信長から登用される以前に薪売りとして口を糊《のり》していたのは、あながち間違いとはいえない可能性が高い。

宣教師たちの間においても、秀吉が極貧の百姓出身であることは周知の事実だったのである。

ここで執筆しておくべきことは、若き秀吉が信長のもとで薪奉行をしていたという『甫庵太閤記』の記述である。

『甫庵太閤記』によると、信長から薪奉行を申し付けられた秀吉は、一年間にどれだけ薪が必要かを分析し、現行の三分の一の量で済むのではないかと考えた。その結果、年間に一千石《ごく》ばかりを無駄にしているとの報告を信長にしたのである。秀吉の高い計算能力や企画提案能力がうかがえる。

この提案によって、秀吉は信長に改めて才覚を認められ、さらに出世を遂げることになった。よく知られている逸話の一つである。具体的な年次は不明であるが、おおむね永禄初年のことと考えてよいであろう。

しかし、この話を史実として認めるには、あまりに話ができ過ぎているといわざるを得ない。秀吉が薪売りをしていたことは史実の可能性が高いが、秀吉が信長のもとで薪奉行をしていたという話は創作ではないだろうか。秀吉が有能であったことは事実と認められるが、薪奉行だった話は若き頃の薪拾いとしての経験を膨らましたものと考えられる。

ここまで見てきたように、秀吉の出自は諸大名はもちろんのこと、諸外国まで広く共有されていた。それは秀吉自身の口から、語られていた点が注目される。秀吉は自身の卑しい出自を隠さなかったので、その過去が周囲の人々に周知のことになったのである。みんなが知っているならば、わざわざ隠す必要はない。

ここまで見てきたように秀吉の出自には謎が多いが、信長に才覚を認められ、上級の家臣に加えられることになったのは歴史が物語るとおりであり、出自のコンプレックスがなせる業《わざ》だったかどうかはさておき、その後関白にまで昇進し、天下人として位人臣《くらいじんしん》をきわめたことは、まぎれもない事実なのである。

明智氏

父さえ明らかでない光秀と土岐明智氏との関係

◇美濃の名門・土岐氏の流れを汲む土岐明智氏

明智《あけち》光秀《みつひで》は、天正《てんしょう》十年（一五八二）六月二日の「本能寺《ほんのうじ》の変」で織田《おだ》信長《のぶなが》を襲撃し、自害に追い込んだ人物として知られている。しかし、その出自については、さまざまな説が提唱されている。

一般的に光秀は、美濃《みの》国（岐阜県）の名門一族である土岐《とき》氏の流れを汲《く》む、土岐明智氏の出身といわれている。土岐氏は清和《せいわ》源氏《げんじ》・源《みなもとの》光衡《みつひら》の末裔《まつえい》であり、鎌倉時代に美濃国土岐郡に本拠を構えた。以降、土岐氏は勢力を拡大し、室町幕府が成立すると美濃国に守護《しゅご》職を与えられ、三管《さんかん》四職《しき》家（管領《かんれい》または侍所《さむらいどころ》の所司《しょし》になれる家柄）に準じる扱いを受けた。

実際、土岐氏は侍所の所司を務めたこともある。十四世紀中後半の土岐頼康《よりやす》の代には、尾張《おわり》（愛知県）・美濃の守護も兼ねた。ところが、天文《てんぶん》十一年（一五四二）に当主の頼芸《よりのり》は、配下の斎藤道三《さいとうどうさん》によって美濃から追放された。これにより事実上は滅亡したものの、土岐氏は名族にふさわしい家柄である。
土岐明智氏は美濃国の名門で守護を務めた土岐氏の支族で、室町幕府の奉公衆《ほうこうしゅう》の一員でもあった。奉公衆は室町幕府における御目見《おめみえ》以上の直勤御家人《ちょっきんごけにん》で、五番（五つの部隊）に編成されていた。日常は番の隊長である番頭のもとで、御所内の諸役や将軍御出《おいで》の供奉《ぐぶ》などを務め、戦時には将軍の親衛隊として出陣する直属の軍事力でもあった。後年、織田信長に仕え重用された光秀にとっては、相応な出自といえるのかもしれない。

奉公衆の名簿である『文安年中御番帳《ぶんあんねんちゅうごばんちょう》』には外様衆《とざましゅう》として「土岐明智中務少輔《なかつかさのしょう》」の名を、『東山殿時代大名外様附《ひがしやまどのじだいだいみょうとざまふ》』にも同じく外様衆として「土岐明智中務少輔」、四番衆として「土岐明智兵庫頭《ひょうごのかみ》」の名を、それぞれ確認することができる。『常徳院御動座当時在陣衆着到《じょうとくいんごどうざとうじざいじんしゅうちゃくとう》』にも「土岐明智兵庫助《ひょうごのすけ》」と「土岐明智左馬助《さまのすけ》」が四番衆として記載されている。このような史料的根拠から、土岐明智氏が奉公衆（あるいは外様衆）を務めていたのは明らかである。

外様衆の役割は不明な点が多いものの、有力守護の支族が名を連ねている点を考慮すれば、相当な格式と地位であったと考えられる。何といっても、外様衆は将軍の直臣《じきしん》でもある。明智氏もまた土岐氏の支族であるがゆえに、外様衆に加えられたのであろう。赤松《あかまつ》氏、佐々木《ささき》氏といった守護家は、庶流が奉公衆に加えられていた。奉公衆は将軍の直臣という意味で、家格としては守護と同等だったのである。

土岐明智氏の名は、おおむね十四世紀半ばから十五世紀の終わりにかけて、多くの一次史料で確認することができる。その本拠地は美濃国だった。

◇判然としない明智光秀の父親

では、光秀の父はどのような人なのだろうか。その点は、数多くの明智氏の系図に触れられている。次に、代表的な系図を挙げることにしよう。

①光綱《みつつな》―『明智系図』(『系図纂要《けいずさんよう》』所収)、『明智氏一族宮城家《みやぎけ》相伝系図書』(『大日本史料』第十一編之一所収)。
②光隆《みつたか》―『明智系図』(『続群書類従《ぞくぐんしょるいじゅう》』所収)、『明智系図』(『鈴木叢書《そうしょ》』所収)。
③光国《みつくに》―『土岐系図』(『続群書類従』所収)。

右の系図によると、光秀の父の名を、①光綱とするもの、②光隆とするもの、③光国とするもの、の三つに分かれており、確定していない。そうなると、ここに挙がっている光秀の父の名前が一次史料に登場するかどうかがカギとなる。しかし、彼ら三人のうち一人でも登場する一次史料は、管見《かんけん》の限り見当たらなかった。裏付けとなる一次史料がない以上、三人のうち誰が光秀の父であるかを考えても、正確な結論に至るとは思えないので、あまり意味のある作業といえないかもしれない。

明智光秀に限らず、史上に突如としてあらわれた人物の場合、父祖の名前が判然としないケースが意外に多い。系図によってこれだけ光秀の父の名前が違うのだから、その背景を改めて検証する必要がある。

明智氏略系図

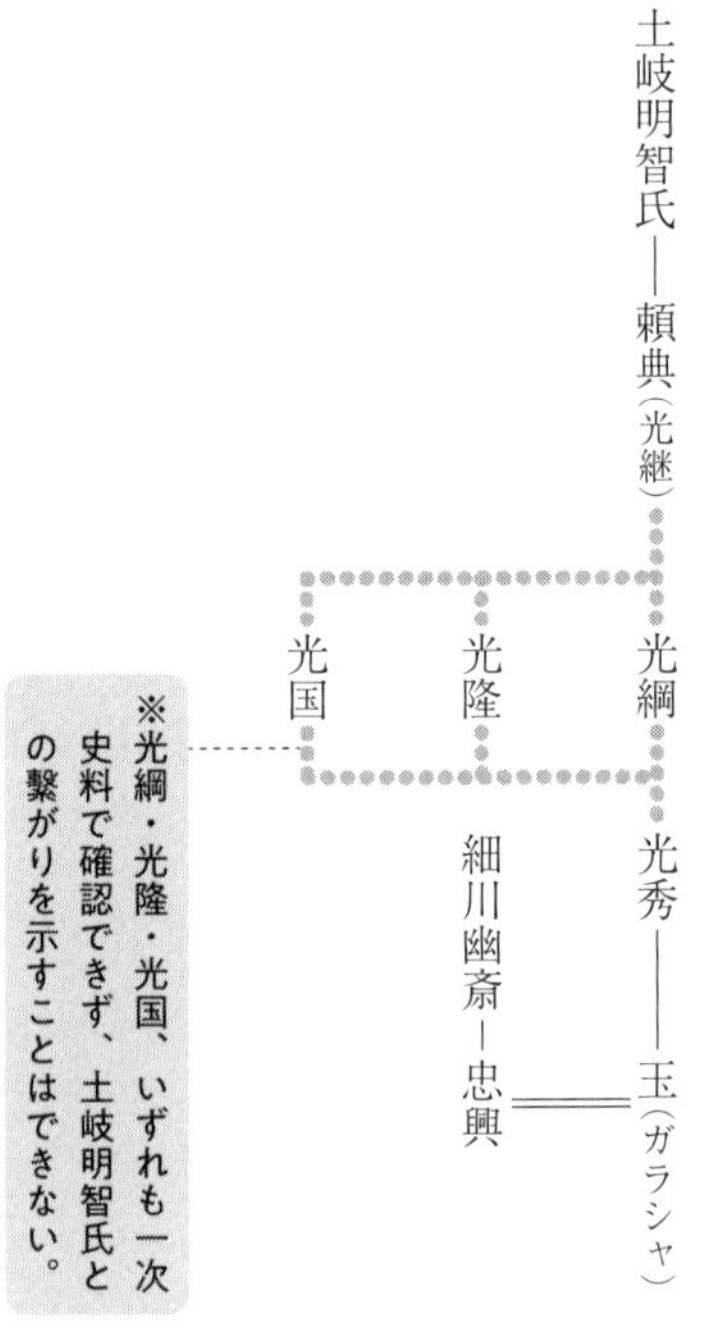

右に掲出した『明智系図』のうち、『続群書類従』所収の『明智系図』については、上《こう》野《ずけ》国（群馬県）沼田藩の土岐氏に伝わる「土岐文書《ときもんじょ》」の写しが書き写されている。このように系図や家譜《かふ》類に古文書《こもんじょ》が記載されていることは珍しくなく、系図の信憑性《しんぴょうせい》を高めることになる。

『明智系図』と「土岐文書」などを照合すると、光秀の祖父にあたる頼典《よりのり》（光継《みつつぐ》）とその弟の頼明《よりあき》までは存在を確認できるが、光秀の父とされる光隆は一次史料で確認できない。
この点は不審というしかなく、『明智系図』がいかに「土岐文書」を写し取っているとはいえ、光秀の父を安易に光隆とすべきではないだろう。光隆以降の系譜は、不明といわざるを得ないのである。

このように父の名さえわからない光秀に関しては、生年や出生地についても、実に謎が多く、諸説あって定まらない。『続群書類従』所収の『明智系図』には、享禄《きょうろく》元年（一五二八）三月十日に美濃の多羅《たら》城（岐阜県大垣《おおがき》市）で誕生したとある。母は若狭《わかさ》国（福井県）守護の武田《たけだ》義《よし》統《むね》の妹という、名族にふさわしい母の家柄となっており、内容がかなり具体的である。

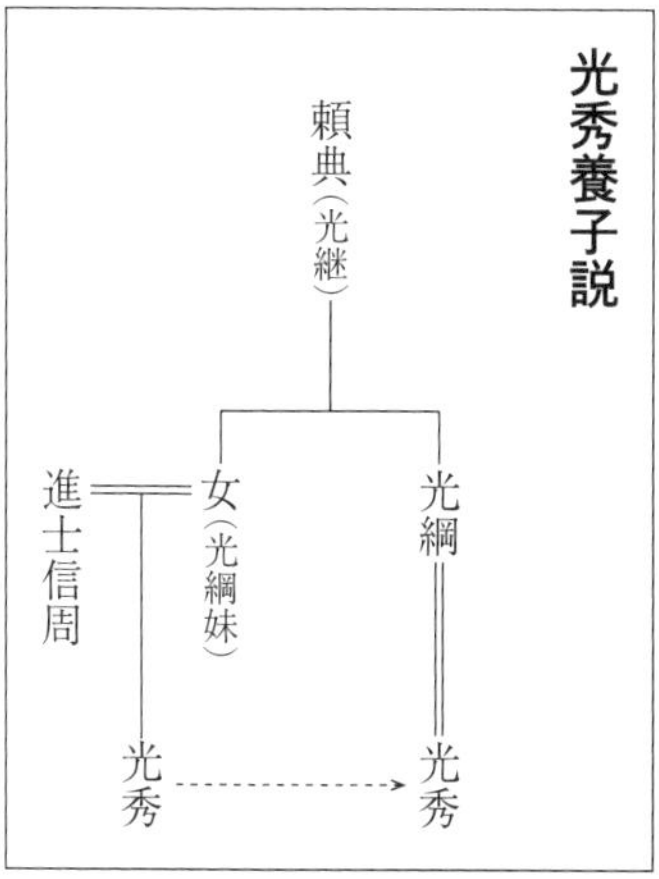

『明智氏一族宮城家相伝系図書』には、光秀が享禄元年八月十七日に誕生し、石津《いしづ》郡の多羅で誕生したと記す。ただ、父は進士《しんじ》信周《のぶちか》、母は明智光綱の妹だったと記す。病弱だった光綱は、四十歳を過ぎても子に恵まれなかった。そこで、光綱の父・光継は光秀を光綱の養子とすることを決意し、家督《かとく》の後継者にしたという。つまり、光秀は養子だったということである。進士信周なる人物について詳細は不明であるが、奉公衆の出身であったよう

なので、幕府との関係を示唆《しさ》する。ちなみに、光秀の譜代《ふだい》の家臣には進士貞連《さだつら》がおり、光秀の死後は肥後《ひご》国（熊本県）の細川興秋《ほそかわおきあき》（忠興《ただおき》の次男）に仕えている。

誕生した日付こそ違うものの、『明智系図』（『鈴木叢書』所収）と『明智氏一族宮城家相伝系図書』にある生年は合致しており、ほかの系図もおおむね享禄元年誕生説を唱えている。後述する『明智軍記』も、享禄元年誕生説である（天正十年〈一五八二〉に五十五歳で没したと記す）。ただ、右の諸系図の記載には、いささか疑問が残る。

たとえば、『明智系図』（同前）で光秀の母の兄とされる武田義統の誕生年は、大永《だいえい》六年（一五二六）である。義統の妹はさらに若いはずなので、光秀が享禄元年生まれであるならば、明らかに年代的に矛盾しており、義統の妹が光秀の母であるはずがない。なぜこうなったのか理由は不明であるが、義統の子息・元明《もとあき》は天正十年（一五八二）の「本能寺の変」で光秀に与《くみ》したので、そういう縁から光秀と武田氏を結び付けようとしたのかもしれない。

◇『明智軍記』『綿考輯録』などが記す光秀の誕生年

次に、諸説ある光秀の生年について、各種史料の記述を見ていこう。

先述のとおり、享禄元年生誕説を唱える編纂物《へんさんぶつ》が『明智軍記』である。すでに半世紀以上も前、古典的名著『明智光秀』の著者として知られる高柳光壽《たかやなぎみつとし》氏が、信頼性の劣る「誤謬《ごびゅう》充満の悪書」と指摘した編纂物である。

この『明智軍記』は元禄《げんろく》六年（一六九三）から同十五年の間に成立したとされ、作者は不詳である。同書の成立時期は、光秀が亡くなってから、おおむね百年以上を経過している。『明智軍記』が拠《よ》った史料には『江源武鑑《こうげんぶかん》』のようなひどい代物があるし、ユニークな話が多々書かれているものの、それらは一次史料で裏付けられず、記述内容も誤りが非常に多いので、たしかに、歴史史料として用いるのには躊躇《ちゅうちょ》する史料である。ただ、光秀を中心に取り上げた軍記物語はほかになく、そういう意味では貴重な史料といえるのかもしれない。

『当代記《とうだいき》』は、光秀の没年齢を六十七歳と記しており、永正《えいしょう》十三年（一五一六）の誕生となる。『当代記』は著者が不明（松平忠明《まつだいらただあき》か？）で、寛永《かんえい》年間（一六二四〜四四）頃に成立したと考えられている。当時の政治情勢や大名の動向などを詳しく記しており、時代が新しくなるほど史料の性質は良くなっていくが、残念ながら信長の時代については、史料的な価値が劣る儒学者《じゅがくしゃ》の小瀬甫庵《おぜほあん》『信長記《しんちょうき》』に拠っている記事が多い。したがって、『当代記』の史料性を検討するには、そのような性質を考慮しなくてはならないだろう。比較のうえでは、先の系図類よりも『当代記』が良質であるが、正しいという保証はない。

小瀬甫庵『信長記』は元和《げんな》八年（一六二二）に成立したといわれてきたが、今では慶長《けいちょう》十六、十七年（一六一一、一二）説が有力である。『信長記』の成立が十年ほど古いことが立証されたので、これにより『信長記』の史料性を認める論者もいるが、成立年の早い遅いは史料の内容を担保するものではない。

同書は広く読まれたが、創作なども含まれており、儒教《じゅきょう》の影響も強い。太田牛一《おおたぎゅういち》の『信長公記《しんちょうこうき》』と区別するため、あえて『甫庵信長記』と称することもある。そもそも『信長記』は、太田牛一の『信長公記』を下敷きとして書かれたものである。しかも、『信長公記』が客観性と正確性を重んじているのに対し、甫庵は自身の仕官を目的として、かなりの創作を施したといわれている。それゆえ、『信長記』の内容が小説さながらのおもしろさであることは事実だ。江戸時代には刊本として公刊され、『信長公記』よりも広く読まれたほどだが、現在、『信長記』は創作性が高く、史料としての価値は劣ると評価されている。

『綿考輯録《めんこうしゅうろく》』は、光秀が五十七歳で没したとするので、誕生年は大永六年（一五二六）ということになろう。『綿考輯録』には若き頃の光秀の姿が詳しく描かれているが、信頼に足る史料なのだろうか。『綿考輯録』は安永《あんえい》年間（一七七二〜八一）に完成した、細川幽斎《ゆうさい》（藤孝《ふじたか》）、忠興、忠利《ただとし》、光尚《みつなお》の四代の記録で、編者は小野武次郎《おのたけじろう》である。熊本藩・細川家の正史といっても過言ではない。

これまでの研究によると、忠利、光尚の代は時代が下《くだ》るので信憑性が高いかもしれないが、幽斎あるいは忠興くらいの時代になると問題になる箇所が少なくないと指摘されている。それはなぜだろうか。

『綿考輯録』は編纂に際しておびただしい量の史料類や編纂物が参考書目として挙がっているが、巷間に流布する軍記物語なども材料として用いられており、玉石混交《ぎょくせきこんこう》なのは明らかである。たとえば、先に取り上げた『明智軍記』などは、その代表だろう。『総見記《そうけんき》』などの信頼度の低い史料も多々含まれている。『総見記』は『織田軍記』などともいい、遠山信春《とおやまのぶはる》の著作である。貞享《じょうきょう》二年（一六八五）頃に成立したという。史料性の低い甫庵の『信長記』をもとに増補・考証したものであるから非常に誤りが多く、今では顧《かえり》みられない史料である。加えて、『綿考輯録』は細川家の先祖の顕彰《けんしょう》を目的としていることから、編纂時にバイアスがかかっているのは明らかである。この点は、大名の家譜《かふ》類では避けられない現象である。

つまり、『綿考輯録』は扱いが難しい書物であり、光秀についての記述を信頼できるかは疑問である。細川家の正史だから正しい、という保証はないのである。

結論をいえば、光秀の誕生年については、おおむね永正十三年（一五一六）から享禄元年（一五二八）の間くらいであろうとしかいえない。しかも、「のちに編纂された二次史料に拠る限り」という留保付きであり、今後、光秀の誕生年をうかがい知る一次史料の出現を待つしかないだろう。

◇明智氏の出身地はどこか？

明智氏の出身地については、二つの説が有力視されている。一つは岐阜県恵那《えな》市明智町《あけちちょう》であり、もう一つは岐阜県可児《かに》市広見《ひろみ》・瀬田《せた》である。互いに美濃国時代に「明智（知）」の名を冠した地名を有していたことから、非常にややこしいことになっている。

前者には明知城址があり、城内には光秀学問所の跡に建てられた天神《てんじん》神社、あるいは光秀産湯《うぶゆ》の井戸の跡が残っている。近隣の龍護寺《りゅうごじ》に伝来する光秀の直垂《ひたたれ》など、光秀にまつわる史跡や遺物があることから、現在も「光秀まつり」が催されている。ただし、光秀の先祖が岐阜県恵那市明智町の出身とするのには、難があると指摘されている。それはどうしてだろうか？

実は、恵那市明智町は、遠山《とおやま》明智氏の出身地といわれている。

遠山明智氏は藤原北家《ふじわらほっけ》の利仁《としひと》の流れを汲み、十三世紀の半ば頃、遠山景朝《かげとも》が明知城に本拠を築いたという。武将が城を築いたというのは、おおむね伝承に近いものが多く、後述する明智城も同じである。この景朝こそが、遠山明智氏の祖である。戦国期に至ると、遠山氏は織田信長に与して、武田信玄《しんげん》に敵対した。元亀《げんき》三年（一五七二）、時の当主・遠山景行《かげゆき》の明知城などが信玄に攻撃され、景行は交戦中に落命した。

景行の嫡男《ちゃくなん》・景玄《かげはる》も同じく亡くなったので、遠山明智氏の家督は利景《としかげ》（景玄の弟）が継いだ。ところが、利景は明知城に在城することなく、徳川家康《とくがわいえやす》に近侍した。結局、利景のもとに明知城が戻ってきたのは、慶長《けいちょう》五年（一六〇〇）九月の「関《せき》ヶ原《はら》合戦」後だったという。
明知城の歴史を見る限り、一時期を除き一貫して遠山明智氏が支配しているのが明らかなので、光秀の先祖が城主だったとは考えられない。つまり、岐阜県恵那市明智町は遠山明智氏ゆかりの地ではあっても、光秀の出身とされる土岐明智氏に結びつけるのは難しいといえるのである。

一方、岐阜県可児市広見・瀬田には、かつて石清水八幡宮《いわしみずはちまんぐう》の所領・明智荘《あけちのしょう》という荘園《しょうえん》があった。今も明智城址が残っており、同城は付近の地名から長山城とも称されている。一般的には、こちらが土岐明智氏の本拠とされている。もう少し具体的に概要を確認しておこう。

『美濃国諸旧記』（作者不詳。十七世紀中後半成立）は、康永《こうえい》元年（一三四二）三月に土岐頼康の弟・頼兼《よりかね》が明智城を築いたとし、頼兼が明智の始祖で、彼自身は明智次郎あるいは長山下野《しもつけ》守《のかみ》と称されたと記す。一方、十四世紀後半に成った『太平記《たいへいき》』などには、土岐氏の一族に長山遠江守《とおとうみのかみ》なる人物があらわれ、同時代の『園太暦《えんたいりゃく》』（公卿《くぎょう》・洞院公賢《とういんきんかた》の日記）文和《ぶんな》二年（一三五三）三月二十六日条には、土岐頼康の弟として頼基《よりもと》（＝長山遠江守）の名が見える。『太平記』の長山遠江守は頼基のことを示すようである。

頼基と頼兼とでは実名が異なり、官途《かんと》も遠江守、下野守と違うので、二人が同一人でないのは明白である。『太平記』には長山遠江守のほかに土岐明智次郎頼兼があらわれるので、『美濃国諸旧記』が彼のことを長山下野守とみなした可能性もある。『太平記』にあらわれる土岐一族は、ほかに土岐明智三郎、土岐明智下野入道《しもつけのにゅうどう》、土岐明智兵庫助《ひょうごのすけ》がいるが、系譜上の位置付けは不明である。いずれにしても、『美濃国諸旧記』の記述には不審な点が多いといえる。

光秀のことに話を戻そう。『明智氏一族宮城家相伝系図書』などの記述によると、光秀は父の光綱が亡くなってから、叔父《おじ》の光安《みつやす》（宗寂《そうじゃく》）を後見人《こうけんにん》として明智城に入り、美濃国の大名・斎藤道三の配下にあったという。『明智軍記』や『美濃国諸旧記』にも、同様のことが書かれている。ところが、弘治《こうじ》二年（一五五六）四月、道三が「長良川《ながらがわ》合戦」で子の義龍《よしたつ》に討伐《とうばつ》されると、道三に与していた光秀の立場はまずくなった。

同年八月、光秀は義龍の攻撃を受け、九月になると自害さえ考えたという。しかし、後見人の光安が光秀の自害を思いとどまらせると、光秀は子息・光春《みつはる》らと明智城を脱出し、越前国《えちぜんのくに》（福井県）へ逃亡したというのである。その後、光秀は牢人《ろうにん》生活を余儀なくされた。やがて、越前に赴いた光秀は朝倉《あさくら》氏に仕え、その後は義昭の配下に加わる。

右の『明智氏一族宮城家相伝系図書』などの逸話の根拠は不詳であるが、史実とはみなし難い。道三に仕えていたこと、義龍の攻撃を受けたことなどは、事実なら重要な事象だが、一次史料では確認できないからだ。

以上のように、明智氏に関する系図や軍記物語の記述を見る限り、かなり混乱している状況がうかがえる。それらの記載だけでは、光秀の生年・出身地などを知るのは、ほぼ不可能なのである。可児市広見・瀬田が土岐明智氏の本拠であることは首肯《しゅこう》できるが、光秀が明智城に在城していたかは不明といわざるを得ない。つまり、光秀が土岐明智氏の系譜に連なるのか否《いな》かは、やはり明言できないのである。

◇『立入左京亮入道隆佐記』

光秀の生涯を語るうえで重要な史料として、『立入《たてり》左京亮《さきょうのすけ》入 道隆佐記《にゅうどうりゅうさき》』がある。この史料は、禁裏《きんり》御倉職《みくらしょく》の立入宗継《むねつぐ》（隆佐）が見聞した出来事などの覚書を集成したもので、宗継から七世離れた子孫の中務大丞《なかつかさのだいじょう》経徳《つねのり》が書写・校訂《こうてい》したものである。成立年は不詳である。覚書とは当事者が晩年に自身の備忘を目的として作成した文書なので、二次史料に相当する。

『立入家系図』によると、経徳は宝暦《ほうれき》五年（一七五六）に誕生し、文政《ぶんせい》七年（一八二四）に亡くなったという。となると、『立入左京亮入道隆佐記』の成立年は、おおむね十八世紀後半から十九世紀初頭の範囲に想定されるのではないだろうか。

同書には、天正《てんしょう》七年（一五七九）に光秀が丹波《たんば》国（京都府、兵庫県）を平定し、信長から丹波一国を与えられたことについて、「惟任日向守《これとうひゅうがのかみ》（明智光秀）が信長の御朱印《ごしゅいん》によって丹波一国を与えられた。時に理運によって申し付けられた。前代未聞の大将である」と記されている。

「理運」にはさまざまな意味があるが、この場合は「良い巡り合わせ、幸運」くらいの意味で捉えてよい。光秀は理運によって丹波一国を与えられたので、前代未聞の大将だったのである。立入宗継にとっては、光秀が名門土岐氏の相当な地位にあったとはいえ、丹波一国を授けられたことは驚倒すべき印象を受ける出来事だったと推測される。

同年、光秀は八上城《やかみ》（兵庫県丹波篠山市《たんばささやま》）を落とし、波多野秀治《はたのひではる》ら三兄弟を捕縛《ほばく》した。光秀は波多野三兄弟を安土城《あづち》（滋賀県近江八幡市《おうみはちまん》）に連行し、磔刑《たっけい》に処した。このときも、一連の手法に対して宗継は「前代未聞」と感想を漏《も》らしている。この場合は、磔刑が「前代未聞」ということなのだろうか。続けて、宗継は光秀について「美濃国住人とき（土岐）の随分衆也《ずいぶんしゅう》」と記録し、信長によって「惟任」姓を与えられ、惟任日向守を名乗るようになったと記している。光秀の栄達ぶりを示すものである。

この場合の「随分衆」とは、土岐氏の流れを汲む、高い地位にあったことを示している。「随分」には、「身分が高い」という意味が含まれている。高い地位というのは、土岐明智氏が奉公衆だったことを示している可能性が高い。解釈によっては、土岐氏の重臣だったとみなすこともできよう。

ここで問題となるのは、光秀が随分衆だったことを、宗継が何を根拠として書いたのかということである。残念ながら、宗継が光秀の経歴をどこまで知っていたのかは不明である。宗継は光秀を「随分衆」と言い切っているが、実際には光秀の経歴を詳しく知らず、風聞に拠って記した可能性が高い。土岐明智氏が室町幕府の奉公衆であったことを宗継が知っていたならば、信長に取り立てられ、大いに軍功を挙げた光秀を「随分衆」として評価したことも考えられる。何か明確な根拠があって、「土岐氏の随分衆」と書いたわけではなく、光秀が明智と称しているのをもって、土岐明智氏と関連付けただけ、という可能性もある。

『立入左京亮入道隆佐記』の記述をもって、光秀が土岐明智氏の出身であると指摘する論者もいるが、史料の性質を考えると慎重にならざるを得ない。「美濃国住人とき(土岐)の随分衆也」という言葉が独り歩きしていることには、注意すべきだろう。

◇『光源院殿御代当参衆并足軽以下覚書』

光秀の出身とされてきた土岐明智氏が、いったいどのような一族だったのかは、本項の冒頭でも少し触れたが、ここで改めて探ることにしよう。室町幕府の奉公衆の一員として、各番帳(奉公衆などの名簿)に記された土岐明智氏の面々を整理すると、次のようになる。

①『文安年中御番帳』―土岐明智中務少輔【外様衆】。
②『常徳院御動座当時在陣衆着到』―土岐明智兵庫助(玄宣)、土岐明智左馬助(政宣)【四番衆】。

③『東山殿時代大名外様附』―土岐明智中務少輔（政宣）【外様衆】、土岐明智兵庫頭（玄宣）【四番衆】。

土岐明智氏は、「兵庫助（頭）」家と「中務少輔」家の二系統に分かれていたのだろう。玄宣は兵庫助を経て兵庫頭に任官し、政宣は左馬助から中務少輔に任官する家格だった。それゆえ中務少輔の政宣は、四番衆から外様衆へと昇格を果たしている。なお、玄宣と政宣は連歌会《れんがえ》に出席することもあったが、両者の血縁家系は不明である。政宣については、『尊卑分脈《そんぴぶんみゃく》』などの系図に記載されている。

『尊卑分脈』には、「光」字を冠した明智氏が登場するので、光秀との関係が想定されることもあるが、これも慎重になるべきだろう。繰り返しになるが、光秀の父の名が史料によって異なっており、一次史料で確認できないのだから、安易に考えるべきではないのだ。

いずれにしても、土岐明智氏と光秀をつなぐ根拠は乏しいといえよう。

また、土岐明智氏が室町幕府の奉公衆だったことに関連して、「明智」なる人物が『光源院《こうげんいん》殿御《どのご》代当参衆《だいとうざんしゅう》 并《ならびに》 足軽以下覚書《あしがるいかおぼえがき》』に「足軽衆」として記載されていることにも注目すべきである。『光源院殿御代当参衆并足軽以下覚書』も、奉公衆などの名簿であるが、この史料はかつて室町幕府十三代将軍・足利義輝《あしかがよしてる》の時代の奉公衆などの名簿と考えられていた。しかし、近年の研究により、前半部分が義輝段階のもので、後半部分が十五代将軍・義昭《よしあき》段階のものであることが明らかになったのだ。

同書の後半部分の作成時期は、永禄《えいろく》十年（一五六七）二月から同十一年（一五六八）五月の間であると指摘されている。永禄八年（一五六五）五月、義輝は三好《みよし》三人衆の襲撃を受けて殺害され、当時まだ僧侶だった義昭が奈良興福寺《こうふくじ》の一乗院《いちじょういん》を脱出し、越前国の大名・朝倉氏の庇《ひ》護《ご》を求めた後のことである。この史料に拠って、光秀が義輝に仕えていたという論者もいるが、現時点ではその可能性はきわめて低いとされている。右に示したように、史料が前半と後半に分かれており、「明智」の名が載っているのは義昭の時代に限定されるからである。

では、義昭に仕えた「明智」が光秀か否かであるが、その前に『光源院殿御代当参衆并足軽以下覚書』に記載のある、明智以外の「足軽衆」について説明しておこう。ここにある「足軽衆」とは単なる兵卒ではなく、将軍を警護する実働部隊と考えてよいであろう。ただし、その身分は奉公衆らの面々と比較して、高くなかったのは明らかである、というのも、彼ら足軽衆は名字のみしか記されていない者も多く、おおむね無名の存在ばかりである。以下、その面々の一部について分析がなされているので、参考にして考えてみよう。

義輝の時代から足軽衆として仕えていたのが、一卜軒《いちぼくけん》と沢村の二人で、その出自については不明である。一卜軒は俗人でありながら、永禄十二年（一五六九）一月に南禅寺《なんぜんじ》（京都市左京区）の塔頭《たっちゅう》・竜華院《りゅうげいん》領を競望したという史料がある（「鹿王院文書《ろくおういんもんじょ》」）。珍しい姓でもあるが、同一人物であろうか。一方、沢村氏については、残念ながら関連する史料が見当たらなかった。

三上氏は、政所執事《まんどころしつじ》の伊勢《いせ》氏の家臣だった。政所は、足利家の財政や家政を担当する職である。この三上氏は、秀興《ひでおき》のことではないだろうか（「蜷川家文書《にながわけもんじょ》」）。

山口甚助《やまぐちじんすけ》は実名を秀景《ひでかげ》といい、かつては公家の葉室《はむろ》家に仕えていたという（『言継卿記《ときつぐきょうき》』）。『言継卿記』には甚助が「武家御足軽衆」と書かれており、義昭に仕え、公家や信長との連絡役を務めていたという。

野村越中守《えっちゅうのかみ》は実名を貞邦《さだくに》といい、永禄八年（一五六五）六月に武井夕庵《たけいせきあん》とともに蜷川貞栄《さだひで》らに書状を送ったことを確認できる（「蜷川家文書」）。内容は義輝が横死《おうし》したのち、伊勢《いせ》虎福《とらふく》（貞為《さだため》）の上洛《じょうらく》に賛意を示したものである。当時、夕庵は美濃国の斎藤氏に仕えていたので、野村越中守も斎藤氏に仕官していた可能性は高いと考えられる。その点については、永禄四年（一五六一）二月に斎藤氏配下の日祢野《ひねの》備前守《びぜんのかみ》らと連署した書状が残っているので、ほぼ間違いないと思われる（『永禄沙汰《えいろくさた》』）。

野村越中守については、斎藤氏配下の同名家臣とは別人であると否定する向きもあるが、斎藤氏に仕えていた野村越中守と同一人ではない、という根拠は示されていない。斎藤氏の滅亡後、何らかの経緯を踏まえて義昭に仕えた可能性が高いのではないだろうか。

薬師寺《やくしじ》は、弼長《すけなが》のことである。薬師寺は細川氏の配下にあり、かつて摂津《せっつ》国（大阪府・兵庫県）守護代を務めていた。柳本《やなぎもと》は秀俊《ひでとし》といい、同じく細川氏の旧臣だった。二人は一貫して反三好派として行動しており、以前は足利義輝に仕えていた。二人が連署した禁制も確認できる（「東寺百合文書《とうじひゃくごうもんじょ》」）。秀俊には、父あるいは兄弟と思《おぼ》しき秀久《ひでひさ》なる人物がおり、訴訟関連を扱っていたことが判明する（「大徳寺《だいとくじ》文書」）。二人が義輝の没後、義昭に仕えていたことは明らかで、実務官僚的な側面もあった。

以上の面々以外の足軽衆については、その詳細はわからなかった。少なくとも足軽衆といわれる面々は身分の低い者が多く、寄せ集めという感が否めないところである。

では、足軽衆に名を連ねる「明智」については、どのように考えるべきであろうか。「明智」には実名が書かれていないが、当該期に明智姓の者が光秀以外に候補がいないことは各種研究から明らかで、その点を考慮すると、光秀とみなすのが自然であろう。ちなみに現在、光秀の初見文書が確認できるのは、永禄十二年（一五六九）二月二十九日である（「陽明文庫所蔵文書」）。『光源院殿御代当参衆并足軽以下覚書』の後半部分の成立から、一、二年を経ている。

ほかに、光秀の存在の可能性を確認できる史料としては、永禄十一年（一五六八）に比定される六月十二日付の織田信長に関するものがある（「横畠文書」）。従来、この史料は特に年次比定されていなかったが、近年の研究で永禄十一年である可能性が高いと指摘されている。

ただ、『光源院殿御代当参衆并足軽以下覚書』にあらわれる「明智」が光秀だったとしても、その身分が足軽衆だったという点について、大きな疑問が残るのも事実である。先述したとおり、土岐明智氏は奉公衆や外様衆を務める名門の家柄だった。将軍の直臣である。そのような土岐明智氏が足軽衆に加わっているということは、大いに不審であるといわざるを得ない。『光源院殿御代当参衆并足軽以下覚書』によると、奉公衆は一番から五番まで編成されているので、普通ならば「明智」も奉公衆に加わっていないとおかしいように思える。

その矛盾は、以下のように考えることで解消できるかもしれない。奉公衆や外様衆を務めた土岐明智氏を出自とすると考えられてきた光秀は、実は土岐明智氏とまったく関係なく、無名の存在だったのである。ただ、光秀の家臣には美濃の出身者が多く、光秀の親類も美濃に住んでいたので、美濃を出自とすること自体は確かであろう。

つまり、光秀が美濃国出身だったのは事実かもしれないが、途中で家が断絶した土岐明智氏の名を勝手に用いた可能性が高いというわけである。系譜上で、こうした操作をすることは珍しくない。たとえば、福岡藩の黒田《くろだ》家は『黒田家譜』で近江《おうみ》佐々木《ささき》源氏《げんじ》の庶流・黒田氏の流れを汲むと主張しているが、明確な根拠はなく、おそらく、途中で系譜を操作し、自称したのだろうことは第1章で述べたとおりである。

◇光秀の「近江佐目誕生説」について

続いて光秀の近江佐目《さめ》（滋賀県多賀町《たがちょう》）出身説について見ていこう。

近江佐目出身説の根拠史料は、『江侍聞伝録《こうじもんでんろく》』（寛文《かんぶん》十二年〈一六七二〉成立）、『淡海温故秘録《おうみおんこひろく》』（貞享年間〈一六八四～八八〉成立）という編纂物で、ともに光秀の没後から約百年後に成立した二次史料だ。地誌（郷土誌などの類）のほか軍記物語や系図などが代表的なものであるが、同時代の古文書や日記である一次史料に比べれば、信用性は劣る。

成立が遅い『淡海温故秘録』は地誌で、成立が早い『江侍聞伝録』は中世における近江国の土豪・地頭《じとう》の家系を地域ごとに記した史料である。『江侍聞伝録』も『淡海温故秘録』も光秀の出自について書いている内容はほぼ同一であり、実は以前から知られていた。次に、内容を紹介しておこう。

美濃土岐氏の流れを汲む明智十左衛門《じゅうざえもん》なる人物は、主の土岐成頼《しげより》のもとを飛び出し、近江国へとやって来た。やがて、明智十左衛門は近江国守護の六角高頼《ろっかくたかより》の庇護を受け、近江佐目の地に安住した。それから二、三代あとになって、佐目の地で誕生したのが光秀だというのだ（出生年は書いていない）。

美濃国守護の土岐成頼は嘉吉《かきつ》二年（一四四二）に誕生し、明応《めいおう》六年（一四九七）に亡くなった。近江国守護の六角高頼は生年こそ不明であるが、永正《えいしょう》十七年（一五二〇）に亡くなったのは事実なので、二人はほぼ同時代の人物である。年代については矛盾がないことから、明智十左衛門が近江にやって来たのは、十五世紀後半頃と推測される。

この話が事実とするならば、光秀の誕生地は滋賀県多賀町佐目ということになる。地元には、光秀に関する逸話・伝承の類も伝わっているという。現在も佐目の地には「十兵衛《じゅうべえ》屋敷の跡地」、光秀にゆかりがあるという「カミサン池」（池の跡）などの関連史跡が残っている。つまり、佐目地域に光秀関連の史跡が残る理由は、『江侍聞伝録』などの二次史料で裏付けられたことになる。

『江侍聞伝録』、『淡海温故秘録』の記述に基づき、一部の研究者の間では、光秀が近江佐目の出身であることは間違いないと確信する向きもあるが、果たして「光秀佐目出身説」は正しいと考えてよいのだろうか。

光秀の出身地について一次史料に書かれているものは乏しく、多くは質の劣る後世の編纂物や系図などの記述に拠っている。『江侍聞伝録』、『淡海温故秘録』も記述内容に不審な点があり、史料としての質に問題がある。地元に伝わる伝承の類なども、どのような由緒に基づくのか改めて検証の必要があろう。

大半の二次史料は何らかの意図があって編纂されるが、この場合の意図ははっきりしない。その点については、光秀と近江の土豪との関連性を考慮すべきかもしれない。たとえば、『江侍聞伝録』などには、次に示す逸話が記載されている。

天正十年（一五八二）六月、光秀は「本能寺の変」で信長を討《う》ち、その後の「山崎《やまざき》の戦い」で羽柴《はしば》（豊臣《とよとみ》）秀吉《ひでよし》と対決して敗北すると、近江の土豪らが光秀の援軍に駆け付けた。近江の土豪らが援軍に馳《は》せ参じたのは、光秀が近江で生まれたからであるという。ところが、近江の土豪らが光秀の応援にやって来たことは、一次史料によって裏付けることはできない。

また、「大黒天《だいこくてん》を信仰すれば千人を従える大将になれる」と言われた光秀が、「千人では物足りない」と大黒天を捨てたというエピソードも書かれている。光秀の野心家の一面をうかがわせる逸話であるが、事実か否かは不明である。いや、単なる創作に過ぎないだろう。

そもそも『江侍聞伝録』、『淡海温故秘録』の記述は時系列がちゃんと書かれておらず、信憑性に欠ける。光秀の父の名前も書いていないうえに、系譜すらも明確ではない。単に十左衛門の二、三代後に光秀が誕生したと記すだけで、いつ頃まで光秀が佐目に居住していたのかも記していない。

現存する一次史料には、光秀が近江出身だったと書いているものがない。天正十年六月六日付の明智光秀禁制が「多賀神社文書」の中に残っているが、この史料は光秀が近江で生まれたことの証明にはならない。「本能寺の変」に関連して、光秀が多賀神社の求めに応じて発給しただけである。光秀の近江佐目出身説はたしかな史料で裏付けできないのだから、正しいと認めるわけにはいかないだろう。

◇光秀は医者だったのか？

近江つながりでいえば、新発見の史料によって、光秀は近江に本拠を置いた医者だったとの説が提起されている。

光秀が近江田中城（滋賀県高島市安曇川町《あどがわちょう》）に籠城《ろうじょう》していたと書いているのは、永禄九年（一五六六）十月二十日付の奥書を持つ『針薬方』（「しんやくほう」または「はりくすりかた」）という医薬書である。この史料は新発見である。その記述をもとにして、光秀が琵琶湖《びわこ》西岸部を支配していたと指摘されているほど貴重な史料だが、それは事実とみなしてよいのだろうか。

『針薬方』とは光秀が近江田中城に籠城していた際、沼田勘解由左衛門尉《かげゆさえもんのじょう》が医薬に関することを光秀から口伝《くでん》され、米田求政《こめだもとまさ》がそれを近江坂本（滋賀県大津市）で写したものである。米田求政は医術によって足利義輝・義昭に仕え、のちに肥後国の細川氏の家老《かろう》になった人物である。また、沼田勘解由左衛門尉は熊川《くまがわ》城（福井県若狭町）に本拠を置き、足利義昭に仕官していた。

永禄九年に義昭が越前国に逃れた際、求政が同行したことが知られている。つまり、実在の人物が『針薬方』を書写したことが明らかなので、良質な史料であると評価されている。一方で、『針薬方』の内容には少なからず疑問が指摘されているので、次に確認しよう。

永禄九年八月二十九日、義昭は矢島《やじま》（滋賀県守山市《もりやまし》）を出発し、九月七日に敦賀《つるが》（福井県敦賀市）へと移動した。同年十月以降、義昭は朝倉氏のもとに身を寄せるため、受け入れの可否について交渉を開始した。

そのような非常に緊迫した情勢の中で、米田求政が敦賀からわざわざ坂本へ移動し、医薬書を書写する必然性があったのかが疑問である。光秀が近江田中城に籠城していたという史実を裏付ける史料は、まったく残っていない。さらに、光秀が琵琶湖西部を支配していたという史料についてすら、存在しないのである。当該地域に光秀が発給した文書は皆無なので、『針薬方』の記述内容は、戦国時代の近江の状況とかけ離れているとさえ指摘されている。

現時点においては、『針薬方』の記述内容には不審な点が多く、史料性に疑問があるとされている。それらの点を考慮すると、光秀が近江田中城に籠城したという事実は、まったく信用することができない。仮に、光秀が琵琶湖西岸を支配していたとか、田中城に籠城していたというならば、信頼性の高い一次史料で裏付けなくては、誰も納得しないのではないだろうか。

ここまでいろいろと述べてきたが、光秀の前半生に関しては非常に謎が多く、その出自を探るのは極めて困難である。二次史料によって、あらゆる可能性を探ることは否定しないが、いずれも説得力に欠けるというのが現状だろう。

斎藤氏

道三による「国盗り」と闇深き骨肉の争い

◇道三が「斎藤氏」を名乗るまで

斎藤道三《さいとうどうさん》は「美濃《みの》の蝮《まむし》」と恐れられ、一介の油商人から身を起こしたといわれてきたが、現在では俗説として退けられている。第2章で見た、北条早雲《ほうじょうそううん》こと伊勢《いせ》宗瑞《そうずい》が素浪人《すろうにん》から戦国の風雲児へと身を転じたのが現在では否定されているのと同様であるが、一定の格式がある家の出であった宗瑞と違い、斎藤道三の実像については、まだ謎が多い。しかし、低い身分からのし上がり、ついには美濃国（岐阜県）を支配するに至ったことは事実である。本項では、道三がいかにして美濃国守護《しゅご》代家《だいけ》の斎藤氏を名乗るに至り、やがて子の義龍《よしたつ》との争いに敗れていったかを、従来説の根拠となった二次史料である『美濃国諸旧記』などの記載も含めて、追っていくこととしよう。

実は、道三の生年ははっきりしておらず、明応《めいおう》三年（一四九四）、永正《えいしょう》元年（一五〇四）といった説がある。生誕地に関しても諸説ある。道三の父は、西岡（京都市西京《にしきょう》区・向日《むこう》市・長岡京市にまたがる地域）の住人で、松波左近将監基宗《まつなみさこんしょうげんもとむね》といった。道三の幼名は峰丸《みねまる》で、十一歳のときに妙覚寺《みょうかくじ》（京都市上京《かみぎょう》区）の僧侶となり、法蓮房《ほうれんぼう》と名乗った。

成長した道三は、還俗《げんぞく》して松波庄五郎《しょうごろう》と名乗ると油商人となり、油問屋の奈良屋又兵衛《ならやまたべえ》の娘を妻とした。道三は山崎屋という屋号で油の商売をし、大成功を収めていた。道三は店舗を構えるのではなく、行商をしていたのだ。その際の有名な逸話が残っている。普通、油を注ぐ際は、漏斗《ろうと》を用いて壺《つぼ》に注ぐ。しかし、道三は漏斗どころか、一文銭《いちもんせん》の穴に油を通して見せ、もしこぼれた場合は代金を受け取らないことにしていた。この見事な商売法により、美濃で道三の名を知らない者はいなかった。

ある日、土岐《とき》氏の配下の矢野という武士が、道三の油売りの技術（一文銭の穴に油を通す技）を評価する一方、この技術を武芸に生かせば、武士として高く評価されるのではないかと助言した。この言葉を聞いた道三は、すぐに油売りをやめると、鉄砲や槍《やり》といった武術に励んだ。

そして、道三は僧侶時代にともに学んだ常在寺《じょうざいじ》（岐阜市）の日運《にちうん》を介して、美濃国守護代《しゅごだい》の長井《ながい》長弘《ながひろ》に仕えることになったのである。その後、道三は長井氏の家臣だった西村《にしむら》家の名跡を継ぎ、西村勘九郎正利《かんくろうまさとし》と名乗った。

長弘は道三を重用し、守護の土岐政房《まさふさ》の子の頼武《よりたけ》、頼芸《よりのり》に引き合わせた。頼武は道三を見るなり、面倒を引き起こす男であると近づけなかった。一方の頼芸は道三の武芸にほれ込み、重

道三が斎藤姓を名乗るまでの流れ

松波基宗——庄五郎（道三）
↓
西村家‖西村正利（道三）
↓
長井家‖長井規秀（道三）
↓
（美濃国守護代）斎藤利良‖斎藤利政（道三）

用するようになった。

こうして、土岐頼芸の信頼を得るようになった道三だったが、その後、頼芸は家督《かとく》をめぐって兄・頼武との抗争に敗れてしまう。すると、道三は頼芸を美濃国守護にすべく、頼武の居城・革手《かわて》城（岐阜市）を襲撃し、頼武を越前《えちぜん》国（福井県）へ追放したのである。道三は秘密裏に攻撃の準備を進め、五千五百の軍勢で夜討《よう》ちを仕掛けたという。

こうして頼芸を美濃国守護の座へつけた道三にとって、目の上の瘤《こぶ》ともいうべき人物がいた。道三を土岐家に取り立ててくれた長井長弘である。重要な政務にはまだ長弘が携わっていたので、その存在が邪魔になっていたのだ。その後、道三は長弘に不行跡と政務の怠慢《たいまん》の嫌疑をかけ、謀殺《ぼうさつ》した。そして、長井家の跡を継いで長井新九郎《しんくろう》規秀《のりひで》と名を改め、稲葉《いなば》山《やま》城（岐阜市。のちの岐阜城）を居城としたのである。

さらに、天文《てんぶん》七年（一五三八）に美濃国守護代の斎藤利良《としなが》が病没すると、その名跡を継いで斎藤新九郎利政《としまさ》と名乗った。ここに、道三の「斎藤氏」が誕生したのである。その三年後、今度は、道三と頼芸の関係が悪化しはじめた。天文十一年（一五四二）、道三は数千あるいは一万といわれる軍勢を率い、頼芸が籠《こも》る大桑城《おおが》（岐阜県山県市《やまがた》）を落とすと、頼芸を尾張国《おわり》（愛知県）に追放した。こうして道三は、難なく美濃一国を手に入れたのである。

右の逸話については、道三だけでなく、その父の経歴も混在しているといわれている。この点は新しい史料によって、次のように改められている。道三の父・新左衛門尉《しんざえもんのじょう》は京都・妙覚寺の僧侶であったが、のちに西村を姓として、長井氏に仕えた。そして、子の道三は権謀術数《けんぼうじゅっすう》を駆使し、ついには美濃国一国を手に入れたことが指摘されている（「春日力氏所蔵文書」）。つまり、道三は一代でその地位を築いたのではなく、親子二代で成し遂げたということになろう。

◇義龍は道三の実の子だったのか

斎藤道三には小見《おみ》の方《かた》という正妻がいたが、一方で側室・深芳野《みよしの》の存在も知られている。深芳野は、丹後国《たんご》（京都府）の名門・一色義清《いっしきよしきよ》の娘といわれているが、詳しいことはわかっていない。生没年すらも明らかでなく、その生涯は謎のベールに包まれている。では、どのようにして、道三と深芳野は結ばれたのであろうか。

もともと深芳野は、土岐頼芸の愛妾《あいしょう》であったという。すでに述べたとおり、頼芸はその兄・頼武と守護職を争い、道三によって擁立《ようりつ》された人物である。頼芸は深芳野を寵愛《ちょうあい》していたが、大永《だいえい》六年（一五二六）に道三に与えたという説がある。この話は『美濃国諸旧記』に記録されたものである。つまり、頼芸は褒美《ほうび》として、道三に自らの愛妾を与えたということになろう。

別の史料には、異なった記述をしているものがある。道三は頼芸が愛妾として深芳野を囲っていたことを知り、しきりに所望したという話である。それほど深芳野は美しかったのであろう。道三は非常に殺気立った面持ちで、深芳野を所望したという。根《こん》負けした頼芸は、「そこまで言うならば」ということで、深芳野を道三に与えたと伝わる。のちに、道三は頼芸を追放するのだから、このときすでに主従の立場が逆転した様子がうかがえる。これは、『美濃明細記』という記録に残されたものである。二つの記録は、いずれも後世の編纂物《へんさんぶつ》であるため、十分な検討を要するところである。

また、深芳野が産んだといわれる道三の長男・義龍は、のちに大きな問題となった。すなわち、義龍は、道三の実子だったのであろうか、という問題である。この点をもう少し考えてみよう。

さきほどの二つの記録によると、道三が深芳野をもらい受けた翌年、義龍を出産したという。義龍の生誕は、大永七年（一五二七）のことである。この時期が実に微妙な時期でもあった。道三が深芳野を側室として迎え入れた時期も、義龍が誕生した時期も、何月であったかはわかっていない。通常、懐妊してから約十ヵ月で子どもは誕生する。それゆえに問題が複雑なのである。

一説によると、深芳野は道三の側室となった時点で、頼芸の子を懐妊していたといわれている。これが正しいとするならば、道三は深芳野が懐妊していた事実を承知の上で、結ばれたことになる。この説が俗説として簡単に退けられないのは、道三と義龍との親子関係が複雑だったからである。

道三は常日頃から義龍を無能呼ばわりしていたというが、それは義龍が道三の実子でなかったからであると考えられており、そのため道三と義龍は、犬猿の仲であったといわれている。義龍は伝聞などによって、自身が道三の実子でなかったことを知った可能性が高く、出生の秘密を長井隼人正《はやとのしょう》から明かされたともいう。

その事実は、父・道三の義龍に対する態度に滲《にじ》み出ていたのかもしれない。仮に、道三の実子でないことを義龍が感じていたならば、実父・頼芸を追放した道三を許せなかっただろうし、道三を討《う》とうと強く決意したはずである。

もちろん、こうした話は俗説に過ぎないとも考えられる。しかし、天文二十三年（一五五四）の段階において、道三が家臣団によって鷺山《さぎやま》城（岐阜市）に移され、隠退を余儀なくされた

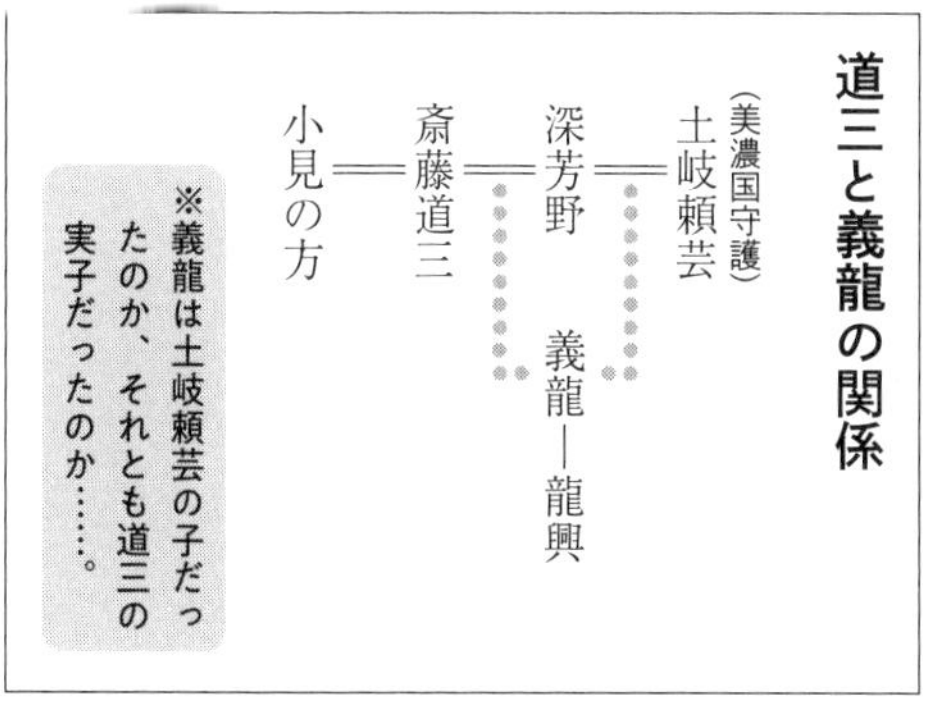

のは事実である。家臣団の中には、義龍を主君と仰ぐ勢力があった。それゆえ道三は、義龍の弟たちを偏愛したという。

いずれにしても、斎藤家の家中の分裂が契機となり、道三の追放そして討伐《とうばつ》に至ったと考えられるのである。

◇道三の最期

鷺山城に追放されて以降も、いまだ道三の活動は衰えなかった。弘治《こうじ》元年（一五五五）十月、義龍は病と称して臥《ふ》すようになったが、これは道三を油断させる嘘であった。同年十一月、道三が鷹《たか》狩りに行ったのを契機に、義龍は叛旗《はんき》を翻《ひるがえ》したのである。

まず、血祭りに挙げられたのは、二人の弟たちである。義龍は使者として長井隼人正を派遣し、二人の弟に面会を申し入れた。理由は、余命わずかであるがゆえに、遺言を伝えたいというものである。案内され奥の間に入った二人の弟は、控えていた日根野備中守《ひねのびっちゅうのかみ》に斬殺《ざんさつ》された。義龍は二人を殺したことを道三に伝え、宣戦布告したのである。

突然のことに驚愕《きょうがく》した道三は、高桑《たかくわ》方面へ逃れ再起を期したが、思うように兵が集まらない。その悪逆非道な性格を恐れられていた道三は敬遠され、義龍に兵たちが集まったからだという。

しかし、実際には主だった家臣は、稲葉山城に妻子を人質として預けており、見殺しにできなかったという事情が要因だったと指摘されている。

翌弘治二年（一五五六）の春、道三は稲葉山城の三里《り》北まで出陣すると、四月十八日には稲葉山方面に開けている南方の丘陵地・鶴山《つるやま》に陣を移した。ほぼ同じ頃、道三は遺言状を残している。その内容は、娘婿《むこ》の織田信長《おだのぶなが》に美濃国を与えるという衝撃的なものであった。その写本は数多く残っており、道三の覚悟のほどを示している。

ところで、世に道三と義龍との戦いは、「長良川《ながらがわ》の戦い」と称されている。その理由は、後世の編纂物などによると、二人が長良川の「中の渡し」という場所で戦ったとされているからである。しかし、実際はそうでもなかったらしい。

『信長公記《しんちょうこうき》』によると、戦いを挑んだのは義龍であり、鶴山に陣を敷いた道三は長良川付近まで出兵している。主戦場は、長良川の「中の渡し」ではなく、北に位置する場所だったようだ。

四月二十日付の范可《はんか》（義龍）の署名のある桑原甚三郎《くわはらじんざぶろう》宛の感状によると、「土居口《つちいぐち》」なる場所で山田惣三郎《やまだそうざぶろう》を討ち取ったという（「桑原文書」）。土居は、鷺山城と鶴山の中間地点にある地名（現在の上《かみ》土居・下《しも》土居）である。「中の渡し」で戦っていないとは断言できないが、主戦場は土居付近とすべきであろう。

道三方は奮戦したものの、敗色は徐々に濃くなってきた。戦いにおいて道三は、「さすが、わが息子」と義龍を称《たた》えたという（『太閤《たいこう》さま軍記のうち』）。やがて、道三を守る手兵が乏しくなると、敵の長井忠左衛門《ながいちゅうざえもん》が襲い掛かり、側から小牧源太《こまきげんた》が手柄を横取りするかのように道三の首を討ち取ったという。

道三の首は長良川の河原に梟首《きょうしゅ》され、のちに小牧源太が崇福寺《そうふくじ》の西南に埋葬したと伝わる。子息の義龍は首実検《くびじっけん》ののち、「身より出た罪である。我を恨《うら》むな」と言葉を発したという（『江濃記《ごうのうき》』）。この話が事実とするならば、本当に親子であったのかという点には、やはり強い疑念が残る。

武田氏

信玄を生んだ甲斐の名門が織りなす複雑な家系

◇甲斐にはいなかった甲斐源氏の始祖

戦国時代を代表する大名である武田《たけだ》信玄《しんげん》（初名は晴信《はるのぶ》）の祖先について見ていこう。はじめにお断りしておくが、本書に掲載した他の大名家と違い、武田氏についてはその源流は比較的はっきりしている。しかし、いつから甲斐《かい》国（山梨県）に土着したかや、安芸《あき》武田氏・若狭《わかさ》武田氏という庶流については、複雑かつ興味深いものがあるので、ここに取り上げた次第である。

武田氏の源流について、従来説では、清和《せいわ》源氏《げんじ》の流れを汲《く》む源義光《みなもとのよしみつ》が甲斐に土着し、そのまま甲斐源氏、そしてその流れを汲む武田氏の祖となったとされており、武田氏の系図や由緒《ゆいしょ》書《がき》でも、義光を始祖としている。しかし、最近の研究では、義光が甲斐守《かいのかみ》に任官されたことや、甲斐へ入国した事実は、確認できないと指摘されている。実際に初めて甲斐に入国したのは、義光の嫡男《ちゃくなん》・義清《よしきよ》とその子・清光《きよみつ》であり、それぞれ甲斐源氏の二代・三代当主となる。

その義清・清光親子にしても、最初から甲斐にいたわけではない。もともとは常陸《ひたち》国那珂《なか》郡武田郷《ごう》（茨城県ひたちなか市武田）を本拠とし、地名を取って武田を姓にしたという説が半世紀以上も前に唱えられており、現在では定説となっている。

太治《たいじ》五年（一一三〇）、清光が濫妨狼藉《らんぼうろうぜき》を働き、これが原因となって義清・清光父子は常陸国を追放された。父子がたどり着いたのが、甲斐国巨摩《こま》郡市河荘《いちかわのしょう》（山梨県西八代《にしやつしろ》郡市川三郷町《いちかわみさとちょう》）だったのである。いわゆる流罪である。配流先は、山梨県中巨摩郡昭和町西条という異説もある。

その後、義清・清光父子は逸見《へみ》（山梨県北杜《ほくと》市）へ本拠を移し、子の清光は地名の逸見を姓とした。保延《ほうえん》六年（一一四〇）、清光の子・信義《のぶよし》が十三歳のとき、武田八幡宮《はちまんぐう》（山梨県韮崎《にらさき》市）で元服《げんぷく》した。その際、武田に復姓して「武田太郎信義」と名乗り、武田氏初代当主となったのである。以降、信義は甲斐国巨摩郡武田（山梨県韮崎市）を中心とし、周辺地域に勢力を伸長した。

平安末期の「治承《じしょう》・寿永《じゅえい》の内乱」（一一八〇～八五）においては、源頼朝《よりとも》を助け、鎌倉幕府の成立に貢献する。以後、信義は幕府の有力御家人《ごけにん》として処遇され、駿河《するが》国（静岡県）守護《しゅご》に任じられた。しかし、元暦《げんりゃく》元年（一一八四）六月に嫡男の一条忠頼《いちじょうただより》が、建久《けんきゅう》五年（一一九四）八月には弟の安田義定《やすだよしさだ》が、甲斐源氏の台頭を恐れた頼朝の命《めい》により相次いで殺害されてしまう。

鎌倉幕府から警戒された甲斐源氏だったが、のちにその本流は、信義の四男・石和信光《いさわのぶみつ》によ

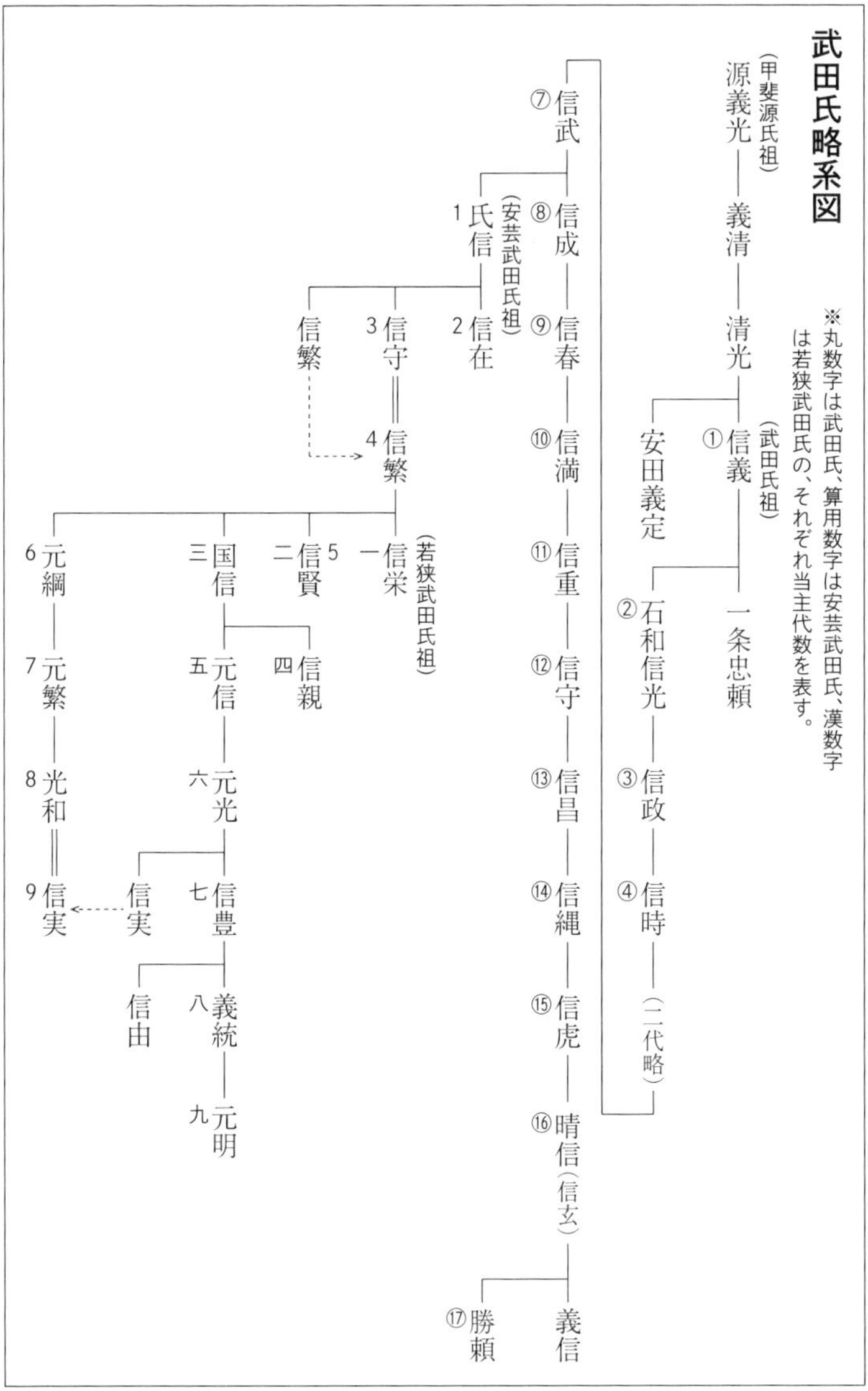
武田氏略系図
※丸数字は武田氏、算用数字は安芸武田氏、漢数字は若狭武田氏の、それぞれ当主代数を表す。
(甲斐源氏祖)源義光
義清
清光
①信義(武田氏祖)
安田義定
一条忠頼
②石和信光
③信政
④信時
(二代略)
⑦信武
⑧信成
⑨信春
⑩信満
⑪信重
⑫信守
⑬信昌
⑭信縄
⑮信虎
⑯晴信(信玄)
義信
⑰勝頼
1 氏信(安芸武田氏祖)
2 信在
3 信守
信繁
4 信繁
一 5 信栄(若狭武田氏祖)
二 信賢
三 国信
四 信親
五 元信
六 元光
七 信豊
信実
八 義統
信由
九 元明
6 元綱
7 元繁
8 光和
9 信実

って継承された。甲斐国守護に任じられた信光は、荘園《しょうえん》諸職を集積し、支配を展開する。以後、信光の子息・信政《のぶまさ》が家督《かとく》を継承して、守護職を世襲していくことになるが、徐々に弱体化していった。

南北朝期に入ると、甲斐源氏十代および武田氏七代当主・信武《のぶたけ》が、足利尊氏《あしかがたかうじ》を助け、室町幕府の成立に寄与した功を認められ、甲斐国と安芸国（広島県）に守護職を与えられた。その後、甲斐国守護は、信武の長男・信成《のぶなり》、その子・信春《のぶはる》と継承され、武田氏は甲斐国内に着々と勢力基盤を築いていく。そして、武田氏十五代当主・信虎《のぶとら》の代に至って、甲斐一国の統一に成功し、戦国大名として発展したのである。

安芸国守護は、のちに信武の次男・氏信《うじのぶ》が継承し、安芸武田氏の礎《いしずえ》を築くのだが、それについては次節で見ていくことにしよう。

◇「承久の乱」と安芸武田氏

安芸武田氏は各地に存在する武田氏の庶流の中でも、若狭武田氏と並ぶ代表的存在である。

武田氏と安芸との関わりは、承久《じょうきゅう》三年（一二二一）の「承久の乱」まで遡《さかのぼ》る。乱が勃発《ぼっぱつ》すると、武田信義の跡を継いで武田氏二代当主となっていた武田（石和）信光は東山道《とうさんどう》軍の大将軍として出陣し、大いに軍功を挙げた。戦後、鎌倉幕府から軍功を称えられ、安芸国守護に任じられた（これ以前に安芸国守護に任じられたという説もある）。しかし、信光の本拠は甲斐国だったので、本人が安芸国に赴くことはなく、守護代が代わりに派遣されていたという。

信光の孫である信時《のぶとき》（武田氏第四代当主）の代になると、蒙古《もうこ》が日本に襲来してきた。信時は軍勢を率いて出陣し、このとき築かれたのが佐東銀山城《さとうかなやま》（広島市安佐南区《あさみなみ》）だったといわれている。

元弘《げんこう》元年（一三三一）に始まった、鎌倉幕府打倒を掲げる後醍醐《ごだいご》天皇による「元弘の乱」では、武田氏は幕府に与《くみ》した七代当主の信武と、後醍醐天皇に与した武田一族の政義《まさよし》が対立する。元弘三年（一三三三）に後醍醐天皇が幕府を滅ぼし、建武政権を成立させると、政義が甲斐国守護に任じられた。しかしその後、足利尊氏が政権を奪取して室町幕府を開くと、その成立に大きな貢献を果たした信武が再び甲斐国守護となり、同時に安芸国守護に任じられたことは、すでに書いたとおりである。

信武の跡を継いで安芸武田氏の祖となったのは次男の氏信だったが、応安《おうあん》元年（一三六八）に安芸国守護を解任される。当時、中国地方を席巻《せっけん》していた足利直冬《ただふゆ》の勢力を抑え込むことができなかったので、その責任を負わされたといわれている。以後、氏信は佐東銀山城に拠《よ》り、周辺の地域を支配した。一説では、分郡《ぶんぐん》守護（郡ごとに守護が置かれたという考え方）だったといわれているが、近年の研究では分郡守護という概念は否定されている。

氏信の死後、安芸武田氏の家督は、信在《のぶあり》、信守《のぶもり》、信繁《のぶしげ》、信賢《のぶかた》へと引き継がれた。「応仁《おうにん》・文《ぶん》明《めい》の乱」が勃発すると、信賢と弟の国信《くにのぶ》、元綱《もとつな》は東軍に味方したが、やがて元綱は西軍に転じた。そもそも安芸武田氏は隣国の大内氏《おおうち》（西軍）と関係が良くなかったが、元綱は大内氏と結ぶことで活路を見出《みいだ》そうとしたのである。文明三年（一四七一）に信賢が没すると、元綱は安芸武田氏を継ぎ、国信は若狭武田氏を継ぐことになる。元綱の子・元繁《もとしげ》も大内氏に従っていたが、のちに断交し、出雲国《いずも》（島根県）の尼子氏《あまご》とともに大内氏に対抗するようになった。

以後、安芸武田氏は大内、尼子、毛利《もうり》の各氏が威勢を伸長する中で、衰退の一途をたどった。天文九年（一五四〇）に八代当主の光和《みつかず》が亡くなると、後継者として若狭《わかさ》武田氏から信実《のぶざね》を迎えた。しかし、武田氏家中は大内氏と和睦《わぼく》をめぐって混乱しており、ついに信実は佐東銀山城を出奔《しゅっぽん》し、出雲尼子氏を頼った。その後、信実は佐東銀山城に帰城したが、毛利元就《もとなり》の攻撃を受けて大名としての安芸武田氏は滅亡したのである。

◇若狭武田氏の誕生から一族の滅亡まで

続いて若狭武田氏を取り上げることにしよう。

永享十二年（一四四〇）、室町幕府第六代将軍の足利義教《よしのり》は、意に沿わない丹後国《たんご》（京都府）守護の一色義貫《いっしきよしつら》を謀殺《ぼうさつ》した。義教の命《めい》を受けて殺害したのが、武田信栄《のぶひで》である。信栄は、安芸国守護の武田信繁（安芸武田氏四代当主）の嫡男だった。信栄は義貫を討《う》った功によって、若狭国守護に任じられると、ただちに任国である若狭に向かった。こうして、若狭武田氏が誕生したのである。しかし信栄は、不幸にも同年に病没した。信栄の没後、若狭国守護に任じられたのが弟の武田信賢である。信賢は、すでに安芸国守護を務めていた。

信賢の死後、安芸国守護は信繁の四男の元綱が継ぎ、若狭国守護は信繁の三男の国信が継承したことはすでに述べた。国信は若狭、丹後に着実に威勢を伸長し、幕府の出兵要請にもたびたび応じた。また、国信は、教養豊かな人物でもあった。

国信の死後、兄・信親《のぶちか》を挟んで家督を継いだのが元信《もとのぶ》である。元信は藤原定家《ふじわらのていか》自筆の『伊勢《いせ》物語』を所持するなど、父譲りの教養豊かな人物だった。同時に、国内の土一揆《つちいっき》を鎮圧するなどし、若狭武田氏の繁栄の礎を築いたのである。一方で、幕政にも深く関与するとともに、朝廷に御所の修理費用を献金するなどし、従三位《じゅさんみ》に叙された。子の元光《もとみつ》も父の跡を受けたが、中央政権の争乱に巻き込まれ、若狭武田氏衰退のきっかけを作ったのである。

元光は生前の時点で、家督を子の信豊《のぶとよ》に譲っていた。信豊も父と同じく、中央政権の争乱に巻き込まれ、各地に出兵した。弘治《こうじ》二年（一五五六）、信豊は家督継承をめぐって、子の義統《よしむね》と対立した。信豊は嫡男の義統ではなく、その弟の信由《のぶよし》に家督を譲ろうとしたという。その後、信豊は出家し、若狭武田氏八代当主となった義統も永禄《えいろく》十年（一五六七）に病没した。その翌年、越前国《えちぜん》（福井県）の朝倉氏《あさくら》が若狭に侵攻し占拠したのである。この時点で、戦国大名としての若狭武田氏は、滅亡したといってよいだろう。

若狭武田家の家督を継いだのは、義統の子の元明《もとあき》である。元明は越前一乗谷《いちじょうだに》（福井市）に連行され、半ば幽閉生活を強《し》いられていた。天正《てんしょう》元年（一五七三）に織田信長《おだのぶなが》が朝倉氏を滅ぼすと、元明は若狭国に帰還したが、元明は支配を任されなかった。若狭支配を担当したのは、丹羽《にわ》長秀《ながひで》であり、元明は長秀の与力《よりき》に過ぎなかったのである。

天正十年（一五八二）六月に「本能寺《ほんのうじ》の変」が勃発すると、織田信長は自害して果てた。元明は、信長を討った明智《あけち》光秀《みつひで》にただちに加担し、旧領の若狭を回復しようと目論《もくろ》んだ。しかし、光秀は羽柴秀吉《はしばひでよし》に討たれ、元明は自害を命じられた。これにより、若狭武田氏は名実ともに滅亡したのである。

最後に、本家の武田氏がどうなったかを見て本項を締めくくることにしよう。

先述のとおり、十六世紀に入ると、中興の祖にして信玄の父である信虎が甲斐一国を統一し、戦国大名としての布石を作った。しかし、信虎は信玄によって、国外に追放されてしまう。以降、信玄は版図《はんと》を広げ、最盛期には甲斐国のほか、信濃国《しなの》（長野県）、駿河国および上野国《こうずけ》（群馬県）、遠江国《とおとうみ》（静岡県）、三河国《みかわ》（愛知県）、美濃国《みの》・飛驒国《ひだ》（岐阜県）、越中国《えっちゅう》（富山県）の一部の計九ヵ国を支配するに至り、天下統一を目指す織田信長を凌《しの》ぐほどの勢威を示すに至った。

そして元亀《げんき》三年（一五七三）十二月、信玄は、「三方《み》ヶ《かた》原《はら》の戦い」で信長と徳川家康《とくがわいえやす》の連合軍を撃破したのだが、その翌年、進軍の途上で病没してしまう。その後、信玄の跡を継いだ勝頼《かつより》は、最初こそ家をよく守ったが、天正《てんしょう》三年（一五七五）五月の「長篠《ながしの》・設楽《したら》ヶ原《はら》の戦い」で織田・徳川連合軍に敗れると、以後は衰退の道をたどり、天正十年（一五八二）三月の「天目《てんもく》山《さん》の戦い」で滅亡に追い込まれたのである。

おわりに

本書でも述べたとおり、戦国大名の出自は実にさまざまである。中には、涙ぐましいまでに家系を操作した例も見られたので、彼らはよほど出自を気にしていたのだろう。ほかにも変わった出自の大名もいたのだが、あまりに情報量が少な過ぎて、取り上げることができなかった者もいる。

系図研究の重要性は以前から指摘されてきたが、なかなか研究テーマになりにくいのが現状である。系図と一次史料を照合し、相違点を見出すのは基本であるが、多くはその段階にとどまっている。系図学の確立、専門家の養成は課題だろう。

もう一つは、後世に成った二次史料の扱いで、「信用できない」と切るだけでなく、文化史的な観点から見直す必要があろう。もちろん鵜《う》呑《の》みにするのは危険であるが、なぜ大名たちがそのような系譜を残したのか考える必要がある。

なお、本書は一般書であることから、本文では読みやすさを重視して、学術論文のように逐

一、史料や研究文献を注記しているわけではない。執筆に際して多くの論文や著書に拠《よ》ったことについて、厚く感謝の意を表したい。また関係する研究文献は膨大になるので、参考文献欄は主要なものに限っていることをお断りしておきたい。

最後に、本書の編集に関しては、柏書房編集部の村松剛氏のお世話になった。村松氏には丁寧に原稿を読んでいただき、種々のアドバイスをいただくことができた。ここに厚くお礼を申し上げる次第である。

二〇二三年十一月

渡邊大門

主要参考文献

池上裕子『織田信長』（吉川弘文館、二〇一二年）
池上裕子『北条早雲』（山川出版社、二〇一七年）
石渡洋平『上杉謙信』（戎光祥出版、二〇一七年）
今井林太郎『石田三成』（吉川弘文館、一九六一年）
太田浩司『近江が生んだ知将　石田三成』（サンライズ出版、二〇〇九年）
小和田哲男『豊臣秀吉』（中公新書、一九八五年）
金子拓『織田信長〈天下人〉の実像』（講談社現代新書、二〇一四年）
神田千里『織田信長』（ちくま新書、二〇一四年）
木下聡『斎藤氏四代』（ミネルヴァ書房、二〇二〇年）
黒嶋敏『中世の権力と列島』（高志書院、二〇一二年）
黒田基樹『羽柴を名乗った人々』（KADOKAWA、二〇一六年）
黒田基樹『戦国大名・伊勢宗瑞』（KADOKAWA、二〇一九年）
桑田忠親『豊臣秀吉研究』（角川書店、一九七五年）
桑田忠親『明智光秀』（講談社文庫、一九八三年）
高坂好『赤松円心・満祐』（吉川弘文館、一九七〇年）
笹本正治『武田信玄』（ミネルヴァ書房、二〇〇五年）
志田諄一『勝田市史　中世編・近世編』（勝田市、一九七八年）※分担執筆
柴裕之『徳川家康』（平凡社、二〇一七年）
柴辻俊六『甲斐武田一族』（新人物往来社、二〇〇五年）
下山治久『北条早雲と家臣団』（有隣新書、一九九九年）
諏訪勝則『黒田官兵衛』（中公新書、二〇一三年）

高柳光寿『明智光秀』（吉川弘文館、一九五八年）
立石定夫『戦国宇喜多一族』（新人物往来社、一九八八年）
谷口研語『明智光秀』（洋泉社歴史新書y、二〇一四年）
土田将雄『細川幽斎の研究』（笠間書院、一九七六年）
中野等『石田三成伝』（吉川弘文館、二〇一六年）
中野等『黒田孝高』（吉川弘文館、二〇二二年）
長浜市長浜城歴史博物館編『戦国大名浅井氏と北近江』（長浜市長浜城歴史博物館、二〇〇八年）
服部英雄『河原ノ者・非人・秀吉』（山川出版社、二〇一二年）
平瀬直樹『大内義弘』（ミネルヴァ書房、二〇一七年）
平野明夫『三河松平一族』（新人物往来社、二〇〇二年）
福尾猛市郎『大内義隆』（吉川弘文館、一九五九年）
福田千鶴『豊臣秀頼』（吉川弘文館、二〇一四年）
藤井讓治『徳川家康』（吉川弘文館、二〇二〇年）
藤井崇『大内義隆』（ミネルヴァ書房、二〇一九年）
本多隆成『定本 徳川家康』（吉川弘文館、二〇一〇年）
宮島敬一『浅井氏三代』（吉川弘文館、二〇〇八年）
矢田俊文『上杉謙信』（ミネルヴァ書房、二〇〇五年）
山田邦明『上杉謙信』（吉川弘文館、二〇二〇年）
横山住雄『斎藤道三と義龍・龍興』（戎光祥出版、二〇一五年）
米原正義編『細川幽斎・忠興のすべて』（新人物往来社、二〇〇〇年）
依藤保「赤松円心私論　悪党的商人像見直しのためのノート」（『歴史と神戸』四〇巻一号、二〇〇一年）
渡邊大門『宇喜多秀家と豊臣政権』洋泉社歴史新書y、二〇一八年）

戦《せん》国《ごく》大《だい》名《みょう》は経《けい》歴《れき》詐《さ》称《しょう》する

二〇二四年一月一〇日　第一刷発行

著　者　渡邊《わたなべ》大門《だいもん》
発行者　富澤凡子
発行所　柏書房株式会社
東京都文京区本郷二-一五-一三（〒一一三-〇〇三三）
電話（〇三）三八三〇-一八九一［営業］
（〇三）三八三〇-一八九四［編集］

装　丁　藤塚尚子（etokumi）
ＤＴＰ　株式会社キャップス
印　刷　萩原印刷株式会社
製　本　株式会社ブックアート

ISBN978-4-7601-5557-6